微教育

朱晓平 著

南方日报出版社
NANFANG DAILY PRESS
中国·广州

图书在版编目（CIP）数据

微教育 / 朱晓平著 . — 广州：南方日报出版社，2017.6（2025.3 重印）

ISBN 978-7-5491-1604-1

Ⅰ . ①微… Ⅱ . ①朱… Ⅲ . ①家庭教育 Ⅳ . ① G78

中国版本图书馆 CIP 数据核字（2017）第 077835 号

WEI JIAOYU

微教育

朱晓平 著

出 版 人：周山丹
策 划 人：柏沐芸
责任编辑：方　明
责任技编：王　兰
责任校对：阮昌汉
出版发行：南方日报出版社
地　　址：广州市广州大道中 289 号
经　　销：全国新华书店
印　　刷：长沙鸿发印务实业有限公司
开　　本：710 mm × 1000 mm　1/16
印　　张：17.5
字　　数：120 千字
版　　次：2017 年 6 月第 1 版
印　　次：2025 年 3 月第 17 次印刷
定　　价：52.00 元

投稿热线：（020）87360640　读者热线：（020）87363865

序

这是一本“智慧发现之旅”，在不经意间的微小处发现大智慧。

生活中隐藏所有的真相，而真相只留给那些用心生活、热爱生活、修行生命的智慧之人。所谓的“智慧”那也只是一颗清静的心去看到一个干净与简单的真实世界。智慧的人不会总是无意间去误解世界从而带着自己无限的压力与烦恼，而是有意间去发现清除压力与烦恼背后的简单之道。

晓平就是那位年轻且热爱生活、修行生命的智慧之人，他总是能在不经意间带给别人更多的智慧与启发。他敬畏规律、谦敬老师，喜欢思考，总想成就别人。他是一位勤奋的梦想家，更是一位思想坚定的脚踏实地的践行者。

他的书很符合他独特的气质，通过平凡与真实的案例带来真实与启发。读者们都应该感谢他。这本来就是我们的生活，有一位好朋友爱我们，并告诉我们如何值得被爱。在他的有意间达成了无意间的帮助，让我们去发现与总结人的成长规律与关系中的注意项，并提示我们如何去看到我们的盲区，留意微小的互动带来的巨大影响。

静心才能清醒教育。静心背后是一种爱与满足，家长们如果不执着于当下的结果，自然就会发现这正是一段创造的过程。自己与孩子共同成长，所有的结果都只是提醒自己如何才能把被动变为主动。晓平老师这本智慧书正是静心的过程自然带出的结果。同时静心也正是上天带给人类的巨大礼物。在此，我也代表我个人提示大家慢慢去品读此书，看看会不会从中发现自己正在改变。

林青贤

2017 年 5 月

自 序

《孟子·尽心上》："君子有三乐，而王天下不与存焉。父母俱存，兄弟无故，一乐也；仰不愧于天，俯不怍于人，二乐也；得天下英才而教育之，三乐也。"这是"教育"一词最早出现的地方。

对于"教育"这两个字的解读，从古到今，大家都在不停地探讨着。可是无论我们如何探讨教育的意义，如果不能透过文字的理论来指导实践的话，一切都是一场空。教育绝不是一个单纯研究理论的过程，更不是说教的游戏，而是一个不断觉察自己，让自己更加圆满的过程。在这个过程中，社会需要做些事情，家庭需要做些事情，学校需要做些事情，最重要的还是个人的修行。

关于这本书的书名，为何在"教育"前面加上一个"微"字呢？

我们很多人谈到教育，就只想到了学校的教育，觉得教育就是老师的事情，而忽视了社会教育和家庭教育；我们很多人谈到教育就是成绩和分数，而忽视了人格教育和价值观教育。那么社会教育、家庭教育、人格教育、价值观教育，是通过听课来实现的吗？听课可以起到一定的作用，但是远远不够，更多地需要我们透过每天的点点滴滴来实现，所以“微”这个字就是提醒我们，再小的地方都是教育！

这本书，我不觉得有什么高深的理论，因为教育本身就在生活里，就在小事中。我希望您在阅读中多一些思考，多一些践行，简单的事情重复做，往往结果就会非同一般。

对于这本书，不在于今天读了多少内容，关键是我们是否真的在阅读中已经感受到教育，是否在阅读后就开始反思自己的教育，并愿意按照您认同的方式加以修缮。

因为这样一本书与读者结缘，我很开心，每本书都是作者的思考，我们有了智慧的连接；如果能够给您带来一点点的启发，甚至因为这样的启发让一个孩子收获更加美好的人生，我很荣幸，因为我的梦想就是让更多的人幸福起来。

感恩所有为这本书的出版付出的人，感恩大家！

朱晓平

2017 年 5 月

目　录

第三辑　自我修行理念　/ 63

第四辑　设计人生理念　/ 111

第一辑

微教育理念

什么是微教育？

再细小的地方都是教育。教育在所有的空间里，在所有的时间里，在所有的人里，在所有的事情里。所有你可以感觉到甚至无法感觉的地方，都有着教育的痕迹！

当我和一些朋友谈起微教育的时候，他们大多会联想到微信、微博，继而联想到互联网教育。那到底什么是微教育，又为何提出这样一个教育的概念呢？

我做教育10年，接触了上万名学员，也遇到了不少家长。我发现很多家长对于教育的理解就是读书，就是考个好成绩，就是上个好大学，却忽视了教育本身的意义。我们常常太注重成绩的获得，却忽视了品格的培养；我们常常认为教育是老师的事情，却忽视了父母在教育中举足轻重的作用；我们常常认为教育是在课堂中发生的，却忽视了社会生活方方面面对孩子的影响。

那究竟什么是微教育呢？微教育如同人体的微循环，看似渺小，却无处不在，细微之处都是教育！

在餐桌上，父母主动为长辈们夹菜，言传身教，这就是微教育。

带孩子出去玩，让孩子将自己的食物分享给同伴，这就是微教育。

鼓励孩子自己主动解决问题，而不是等着父母包办，这就是微教育。

和孩子分享人生观点，“士可杀不可辱”或者“忍辱是一种修养”，这就是微教育。

陪着孩子读一本书，一起探讨书中表达的思想，这就是微教育。

与孩子一起看一部电影，探讨电影的拍摄手法，这就是微教育。

回顾我们的一生，我们有没有发现，对于小时候某位老师的一句表扬，我们记忆犹新？其实，这就是微教育，看似小，却可以影响人的一生。

当我们带着觉察，我们会发现，教育存在于分分秒秒，教育无处不在，教育从一点一滴开始，教育体现在一言一行之中！

“微教育”的英文表达是“we education”，“we”是音译，同时又是“我们”的意思。微教育不是某一个人的事情，而是需要集合众人的力量。只有将世界、国家、社会、学校、家庭结合起来，大家一起行动起来，孩子才能更加快乐，家庭才能更加幸福，社会才能更加和谐，国家才能更加繁荣，世界才能更加美好！

读到这，你也许感觉说得有些大了，实则，大中有小，小中有大，一个不经意的改变，也许就可以改变一生。让我们带着一颗心，一同走进微教育的世界吧！

教育是输入和输出

如果没有往一个容器中倒入水，那如何能够从这个容器中倒出水来呢？如果倒入的是牛奶或者是脏水，流淌出来的自然也不会是清水。有怎样的输入，就会有怎样的输出！

家长们经常纠结、烦恼、抱怨、指责孩子们的一些行为，比如爱发脾气、做事马虎、不爱分享、性格内向、作业拖拉、爱玩手机等，然后家长们就陷入情绪中，开始指责孩子，试图解决这些问题。

然而家长们有没有想过，这些问题产生的根源是什么呢？只有找到根本原因，才能真正解决问题！

孩子刚来到这个世界的时候，没有语言能力，什么话都不会说。如果孩子生在中国，慢慢就学会了说中文；如果孩子生在英国，慢慢就学会了说英文。

我曾经见过一个3岁的小宝宝，爸爸是德国人，讲德语；妈妈是中国人，讲普通话；奶奶是扬州人，讲扬州方言。3岁的他居然能够讲三种不同的语言，和爸爸讲德语，和妈妈讲普通话，和奶奶讲地道的扬州话。

孩子一出生，还没睁开眼睛的时候，他就在接受语言的教育了。周围的人在他身边说话，就会不断地将各种语言输入他的大脑。孩子在不知不觉中接受语言教育，等到某个时间，他就开始把这些语言进行输出。很多家长惊喜于孩子从牙牙学语，到后来可以说出很多话，我甚至常听家长说："我们没有教过娃儿这些话，也不知道他怎么会说的！"毫无疑问，孩子一定是听到过这样的话才能说出来的，也许不是通过父母，而是通过邻居、电视、朋友等途径，周围的人不经意间的一句话，让孩子听到了，孩子才说得出来。没有输入，哪来的输出呢？

初生孩子就好比一个空壶，我们往里面倒上铁观音，出来的就是铁观音；我们往里面倒上白开水，出来的就是白开水；我们往里面倒上咖啡，出来的就是咖啡；我们往里面倒上毒药，出来的就是毒药！

一天，一个朋友给我打来电话，很生气，说她4岁的女儿，因为一点小事情就发脾气，还拿东西砸妈妈，问我怎么办。很多时候，我们都想直接去解决孩子的问题，而忽略了问题出现的原因。我就问她："女儿小的时候，你们家里面有谁也很喜欢发脾气？"朋友被这句话问住了，愣了一会儿说："在孩子0—3岁的时候，我工作很不顺心，经常发脾气，有时候会冲着孩子吼！"我告诉她，这就是问题的根源，因为你给孩子"输入"了坏脾气，所以孩子"吸取"了坏脾气，终究要"输出"坏脾气。

作为父母，教育孩子要注意自身的言行，因为父母和孩子在一起的每分每秒都在对孩子进行输入。不光是父母，孩子接触的一切，爷爷奶奶、电视媒体、餐桌、游乐场等，所有时间、所有地方、所有事情，都在对孩子进行“输入”。

所以，如果希望孩子未来能够更好地“输出”，成为一个阳光、积极、孝顺、感恩、善良的人，就需要把好“输入”这道关。

“人事处”的教育

人人是老师，事事是教案，处处是学校。每个人都可以成为老师，每件事情都可以是一个教学案例，每一处风景都可以是一所学校，关键是我们觉察到了吗？

何谓“人事处”教育？简而言之：人人是老师，事事是教案，处处是学校。只要我们用心觉察，我们会发现老师无处不在，教案无处不在，学校无处不在！

人人是老师

老师是老师，企业家是老师，医生是老师，销售员是老师，司机是老师……只要带着空杯的心，人人都是老师。

有一次，我去江苏溧阳天目湖，那儿的鱼头很有名。主厨王师傅制作天目湖鱼头已有20多年经验，我问他：“如何才能做出正宗好鱼头？”他回答：“首先选料要好，鱼头要正宗，天目湖的鱼没有草腥味，同时要用天目湖水做汤；第二，烹饪的时候要注意把握火候，大火烧开，小火慢炖；第三，不断摸索积累，不积累到一定程度就无法掌握烹饪鱼头的神韵。”

的确，行行有诀窍，人人是老师。做鱼头如此，做人也是如此，因为道理是相通的。

人生的选择很重要，比如要做鱼头汤，你选了猪头，再努力也做不出鱼头汤来。所以，选择要准确，如果我们选择错了，哪怕我们再努力，往往也是徒劳。

人生把握“度”很重要，比如烹饪菜肴，火太大了会烧焦，火太小了味道出不来。教育孩子也要把握“度”，对孩子太好了就变成了溺爱，对孩子太严格了孩子则感受不到爱。“度”是一种智慧。

人生需要“坚持”，任何一个行业，想要做到极致，必须要坚持。不积跬步，无以至千里；不积小流，无以成江海！

事事是教案

上课是教案，坐车是教案，吃饭是教案，买菜是教案，看电影是教案……只要带着觉察的心，处处都是教案。

有一次，我校举办一场亲子公益讲座，门票免费。现场只可容纳700人，但我们印了1000张门票。为何多印300张？因为凭我们以往的经验，出勤率一般在70%左右，有些人虽然领了门票，却不会来。所以每次我们都会多发一些，以免浪费座位，对此，我们也已经习以为常。1000张门票很快就被家长们领完了，在老师的嘱托声中，家长们表示一定会准时出席。

可就在活动开始前的一天，我被一位妈妈触动了。

那是梅雨季节，当天下着雨，一位妈妈牵着女儿的手来到了我们学校，找到我说："孩子的爷爷在外地，昨天

突然生病住院了，我现在要带着孩子赶回老家看爷爷。本打算参加明晚讲座，现在很遗憾不能出席了。我们之前领了门票，现在把门票退回来，把票给没领到票的家长和孩子们，不能浪费了这次宝贵的学习机会。”

这位妈妈不经意中做了一次特别好的教育，我相信，在这件事情中，她的孩子学会了信守承诺，学会了珍惜学习机会。

处处是学校

学校是学校，商场是学校，公园是学校，博物馆是学校，游乐场是学校……只要带着启发的心，处处都是学校。

2014 年，我带孩子们去美国游学，游学的最后一天，我们去了三所“学校”。

第一所“学校”是加州科学中心，在这里，孩子们看到了奋进号航天飞机，对科技产生了兴趣。加州科学中心里面还有很多关于力学的模型，孩子们带着好奇操控着设备，感受什么是失重、什么是浮力、什么是杠杆……经过体验，他们对科学产生了兴趣，而不是仅仅停留在知识层面。

第二所“学校”是盖蒂中心，这是石油大亨盖蒂捐赠的艺术展览馆，免费参观。里面陈列了各国的艺术精品，从古希腊和古罗马的大理石雕刻到文艺复兴时期的油画，再到 18 世纪法国的缀锦画，整个艺术馆艺术氛围浓厚。当孩子们看着周围的参观者都在慢慢地行走，静悄悄地欣赏美轮美奂的作品时，他们也停止了喧闹，跟随着世界各地的人们，静静欣赏一件件艺术品，不知不觉就得到了艺术的熏陶，骨子里埋下了艺术的种子。

第三所“学校”是圣莫里卡海滩。出发去美国前，我们就让孩子们带上泳衣，游学临近结束，泳衣还没有派上用场，孩子们有些失望，所以最后一站特别安排了圣莫里卡海滩。在一片一望无垠的海滩边，老师和孩子们一起踏浪，一起玩沙子，一起晒日光浴，一起在沙滩上嬉戏，最后在夕阳下吃着西餐，眺望着远方……

在玩耍中，孩子们更加自然绽放，学会享受生命中的每个当下，与同学快乐地在一起，与自己快乐地在一起。

生活智慧在于“度”

一阴一阳谓为道，对和错往往对立统一，单一地理解一句话往往都是错误的。教育不是一个简单的标准答案，而是一场智慧的传承！

语言中透露着思想，父母对孩子说的话，传递的不光是语言本身，更是一种人生观和价值观。老师也是如此。

我的恩师胡大平老师常说一句话：“这个世界和我们没有一毛钱的关系。”他还常说另外一句话：“这个世界和我们有千丝万缕的关系。”刚开始听到这两句话时，我不太能理解，因为我觉得这两句话之间本身就是矛盾的，世界和我们到底是有千丝万缕的关系，还是一毛钱的关系都没有呢？

后来我才慢慢明白，任何一句话都不能紧抱着不放，否则就进入了执着。生活的智慧在于“度”的把握，也就是在合适的时候用合适的理念指导合适的行为。“这个世界和我们没有一毛钱的关系”，是让我们做好自己，同时不要太在意别人的想法和看法，否则会活得很辛苦。“这个世界和我们有千丝万缕的关系”，是让我们懂得万事万物，都不是独立存在的，我们要懂得和身边的一切处理好关系，要考虑到别人的想法，凡事不能我行我素！

所以，智慧的教育没有标准答案！在学科的教育中，老师往往会让孩子给出题目的正确答案，不知不觉就让孩子形成了单线思维的模式；在生活的教育中，家长更多的是要给孩子智慧的教育，遇到不同的情况，采用不同的解决方法，这样才能360度地面对生活中的多方面！

孔子有一段关于“闻斯行诸”的教学案例，也是如此。

性格直爽、刚正不阿、不修边幅的子路匆匆地走进来，大声地向老师讨教：“先生，如果我听到一种正确的主张，可以立刻去做吗？”孔子看了子路一眼，慢条斯理地说：“总要问一下你的父亲和兄长吧，怎么能听到就去做呢？”子路刚出去，另一个学生冉有，慢条斯理地走到孔子面前，恭敬地问：“先生，我要是听到正确的主张，就应该立刻去实行吗？”孔子马上回答：“对，应该立刻实行。”冉有走后，公西华奇怪地问孔子：“先生，一样的问题，你的回答怎么

相反呢？”孔子笑了笑说：“冉有性格谦恭，办事犹豫不决，所以我鼓励他临事果断；子路逞强好胜，办事不周全，所以我就劝他遇事多听取别人的意见，三思而行。”

所以，相同的情况，对于不同的人，也要说不同的话。

一阴一阳谓之道，凡事都有正反面，矛盾对立统一。“阴阳话”的意思是没有一句话绝对是对的或绝对是错的，家长一定要根据实际情况给孩子指导，否则如果孩子抱着某一句话，并且时时事事按照这句话去行动，终有所失。

如果孩子信奉了“帮助别人就是帮助自己”而不了解“点亮自己才能照亮别人”，天天忙着帮助别人而忽视了自己的学习成长，这就是所失。

如果孩子信奉了“善良没有敌人”而不了解“物竞天择，适者生存”，认为天下没有坏人只有好人，最后轻信他人上当受骗，这就是所失。

如果孩子信奉了“天下没有免费的午餐”而不了解“简单的相信就会产生奇迹”，带着怀疑与所有人相处，最后往往丢失了自己简单的内心，这就是所失！

父母们读到这，也许就茫然了，到底要和孩子说什么样的话呢？这就要靠父母的智慧了。教育的智慧就是明白在什么时候用怎样的话指导孩子。说话的关键不在于语言本身，而在于语言背后父母们自己的思想。

父母身教无处不在

父母和孩子所有在一起的时间都在做教育。父母的情绪影响孩子的情绪，父母的行为带动孩子的行为，父母的思想引领孩子的思想。

我喜欢邀请家长们来参加讲座，有些家长每次都来，有些家长不愿意来。据调查，不愿意来的原因就是讲座的内容都是自己知道的。当我们认为知道的东西就不用学习的时候，那我们还没有搞明白智慧究竟是什么！

家长对孩子的教育，不能停留在“知道”阶段，因为知道的东西没有用，只有做到的东西才能够带来真正的益处，而做到先要从觉知开始。听讲座、看书等学习的过程，就是一个不断觉知的过程！

“言传身教”这个词大家一定不陌生，几乎所有人都知道，但是觉察自己日常的行为，我们真的做到身教了吗？我们经常和孩子们说道理，但是我们自己却没有按照道理去践行！

当我们告诉孩子学习很重要的时候，孩子却很少看到父母在学习。

当我们告诉孩子要对别人礼貌的时候，孩子却发现父母会在餐厅里因为上菜慢了些对服务员大呼小叫。

当我们告诉孩子要懂得谦让的时候，孩子却发现父母因为一些小事和别人发生争吵。

当我们痛恨于孩子玩游戏的时候，孩子却发现父母抱着手机不放。

我曾经见到过一件事情，父亲见自己的孩子回来了，和孩子说："把门关上，快去写作业，学习很重要。"回过头来，父亲搓着麻将和朋友说："哥几个，咱们继续来一局，今晚输得有些惨。"

我曾经问一些孩子："你的愿望是什么？"孩子回答："快点长大！"继续问："为什么要快点长大？""因为长大后，想看电视就可以看电视，想玩游戏就可以玩游戏，想不学习就可以不学习！"

父母说得再多，不如做给孩子看，因为孩子对行为的模仿远远超过对道理的理解。记得中央电视台有个公益广告片《洗脚》，片中孩子的妈妈给孩子的奶奶倒水洗脚，孩子看见后也跑去打了一盆水，要给自己的妈妈洗脚，妈妈感动万分！我曾经在敬老院看到一面墙上写着：老人的今天就是我们的明天。所以，教育是一种传承，需要父母用行动来影响孩子的行动！有意思的是，有些父母看了这个公益片，没有反思自己需要提升的地方，而是转过头来教育自己的孩子："你看别人家小孩多懂事！"

父母的一言一行、一句一字都是课本，时时刻刻影响着自己的孩子！

爸爸妈妈经常夸我孝顺，我觉得我所有的孝顺都来自父母的孝顺。父母是孩子最好的榜样！

教育是一种选择

对错都是我们对外在世界的一种内心判断，我们认同的教育往往都是我们认为对的教育，而我们认为的对也只是我们的一种判断，所以哪来的对错，有的只是在我们认知范围内的一种选择罢了！

我们常常在探讨一件事情的对错。对于教育，我觉得没有对错，而是一种选择！

我们可以选择教孩子善良，也可以选择教孩子凶猛。

我们可以选择教孩子疾恶如仇，也可以选择教孩子有容乃大。

我们可以选择教孩子为自己的利益据理力争，也可以选择教孩子把自己的利益谦让给他人，懂得吃亏是福。

我们可以选择教孩子要不断地努力争取第一，也可以选择教孩子和自己的昨天比，超越自己。

父母选择怎样的方式，没有绝对的对和错，都来自父母自己处理问题的方式，以及父母自己的人生观和价值观。但不可否认的是，就在父母们一次次的选择中，孩子慢慢形成了自己的人生观和价值观。而这些判断标准和人格品质不知不觉存在于孩子的内心，指导着孩子的人生！

在现实生活中，这样的教育选择，时刻都存在着。

在一个寒冷的傍晚，一个衣衫不整、白发苍苍的老太太坐在路边，伸手向路人乞讨。一个妈妈带着孩子路过，面露不屑，对自己的孩子说："儿子，你记住，这些要饭的基本上都是骗子。你看她脚上穿的鞋子也不差，穿了几件差的衣服跑出来行骗。以后你不要给他们钱，上他们的当。"儿子听后狠狠地点了下头，也给了这个老太太一个轻蔑的眼神！

另外一个妈妈同样带着孩子经过，心生同情，给了自己的孩子一块钱，说道："儿子，你看天气那么冷，那个老奶奶在那边乞讨，好可怜！她一定遇到了困难，很需要帮助，我们帮帮她好吗？这儿有一块钱，你给老奶奶送过去，并且让她多保重身体。"孩子听了妈妈的话，拿着一块钱一蹦一跳地跑到老太太身边，把钱递了过去，并且微

笑着告诉老奶奶要注意身体！孩子跑回了妈妈身边，妈妈很开心，夸赞孩子很有爱心，很有礼貌！

上面的两个妈妈遇到的场景是相同的，但是她们的选择不一样。我们不能说哪个妈妈一定是对的，但是可以肯定的是，因为选择的不同，教育的结果完全不同。第一个妈妈会教育出一个有分辨能力，观察细致，不容易上当，但是同时也缺乏同情心，甚至有些冷漠的孩子；第二个妈妈会教出一个有爱心，懂礼貌，关心他人，但是有时候容易上当的孩子。

说到这，有人会想，这个世界上骗子不少，如果都上当受骗不是一种愚蠢吗？

在帮助他人的时候，如果对自己没有什么大的影响就大胆地去帮助吧！因为帮助他人最大的力量就是自己的起心动念，心存善念就好，而不是帮助后的那个结果。如果得到我们帮助的人欺骗了我们，也不要伤心或者愤怒，因为每个人有着每个人的因果，我们只要种下自己好的因，就好！

你想培养出怎样的孩子呢？请做一个选择吧！教育会在日积月累的一次又一次不同的选择中，产生不同的结果！

教育在点滴积累中

当我们回忆自己曾经接受的教育时，我们很难说出哪件事情一定对我们此生产生了影响，但是就有那么多小事日积月累地叠加，形成了现在的我们。所以，教育不是一块块巨大的石头，而是一粒粒沙砾，最终积沙成塔。

父母每天会对孩子说很多话，每一句话都是教育；父母每天会带着孩子一起做很多事，每一件事都是教育；孩子每天会从外界获得很多信息，每条信息都是教育……教育存在于细微之处，教育无时不在，教育无处不在！

细小的教育不断积累，就会产生巨大的效果，如同滴水穿石一样。

有道数学题：$1.01^{365}=37.78$；$0.99^{365}=0.02$。每天只相差0.02，但是日积月累下来，最后的差距是巨大的。如果我们认准了一个正确的教育方法，不断地坚持下去，就会产生神奇的力量；反之，如果我们使用了一个错误的教育方法，不断地错误下去，后果也会不堪设想！

“华人潜意识开发之父”李胜杰老师从小给他的孩子进行催眠，告诉他：“你是一个很有能量的孩子，你是一个奇迹，因为你的存在，世界会更加美丽。你是一个善良的孩子，你是一个拥有巨大能力的孩子。”李胜杰老师不断地给孩子这样的认可和鼓励，不断地坚持着，孩子的潜意识中就会慢慢地形成这样的认同。一旦潜意识发挥作用，它的力量是显性意识的数万倍以上。

一个好的方法，坚持做到，就会使孩子幸福一生！同样，我们也会遇到这样的孩子：

王然（化名），从小生活在一个充满暴力的家庭。他的爸爸经常喝醉酒，一喝醉就耍酒疯，除了和妈妈吵架，还打他，经常打得他浑身青紫。在他的印象中，家里没有任何温馨可言，有的只是压抑和痛苦。日积月累，这样的负能量进入他的体内，孩子就变得充满了负能量，终将把负能量宣泄给社会，犯了抢劫伤害他人罪，被判入狱。现在很多少年犯，追溯他们的成长经历，都能找到一些原因！

我在教学生的时候，给他们布置了一个作业叫“思想日记”，简而言之就是每天写日记，带着思想去写日记。为什么让学生这么做呢？我的恩师胡大平老师让我这么做，我写了6年，已经写了40多万字，写着写着，我的思考力、文字表达水平、演讲能力、觉察能力等都在提升，所以我就让我的学生也写起来。我带着孩子们出国游学的时候，我让他们一边游学一边写，刚开始看不到太多变化，但是不断坚持后，他们的能力也在不断地提升。

2015-10-06 Peter 分享：今天在以色列理工大学交流，谈及孩子的教育，感触颇深：1. 以色列人从小就告诉孩子不要向权威屈服，要敢于挑战权威，尽管这样会让老师、父母“头疼”，却十分重要；2. 以色列人告诉孩子失败是非常正常的一件事，不要惧怕失败，失败也是一笔财富；3. 以色列人到了 18 岁要服兵役，男孩 3 年，女孩 2 年，在其中学会了坚韧、团队合作、领导能力，在这样一个国家，参军是随时要面对战场和生死的；4. 以色列人尊重孩子的兴趣，少年时期让其自然发展，兵役结束才进入大学，专业一定要是自己感兴趣的，大学期间生活费、学费自己挣得；5. 提问比标准答案重要得多。一个人口仅占世界人口千分之二的国家，诺贝尔奖获得者却占世界的百分之二十多。以色列高科技产业全球领先，不是没有道理的，教育是基石、是根本。

勤学如春起之苗，不见其增，日有所长；辍学如磨刀之石，不见其减，日有所亏！学习如此，教育也如此，就在一次次的不同中，最终父母们纷纷收获了自己的教育成果。无论父母们是否喜欢和满意，自己的孩子都是自己的教育成果！

微资本无处不在

当我们选择一个人与我们同行时，往往都是因为我们对他所有认知的累加，而这些认知来源于与他接触中的很多小细节。这些小细节就是一个人的微资本！

什么是微资本呢？一般意义上的资本，是指资金和财富，而我们这里所说的资本指的是我们被别人选择的原因。一个人的能力是资本，一个人的品德是资本，一个人的礼貌是资本，一个人的谦逊是资本，一个人的热情也是资本。我们发现，平时我们和一个人相处，并不是透过一件很大的事情了解一个人，而是从细微的小事中，去感觉一个人！

在招聘中，每个面试者从第一通电话打进来的时候，就开始建立资本了：有的人在电话中充满了热情，言语中能够听出很有礼貌；有的人在电话中感觉都还没睡醒，言语听起来就没有涵养；有的人在电话中言语让人有压力，感觉少了些空杯心态……有时候，电话中的简短交流已经让很多人错失了工作的机会。

当应聘者有机会进入面试的时候，一言一行更加是他的资本：有些面试者进来的时候，两眼一直不敢直视面试官，一直低着头；有些面试者走的时候都不知道要和大家道个别，面试的椅子也不摆放到原位，拿着材料就离开了；有些面试者，不去了解企业文化和职业规划，一开口就关心收入多少……这些细节都变成了面试者的资本，看似很小，却小中有大。低着头的反映出没有自信，不道别的反映出礼仪不够，过度关心收入的说明把利益看得比较重。很遗憾，他们中的大部分人都不知道自己问题出在了哪里！

很多人的面试成功也是来源于小细节！有一次我们分校总监面试一位应聘者，面试结束后，因为应聘者经验不够丰富，正考虑不录用她。就在此时，那个应聘者在回家路上打来了一个电话，很负责地问道："我刚才不记得演课结束后，黑板有没有擦干净，能不能麻烦看一下，如果没有我折返回来擦。"就是这样一个小细节，体现了她的责任心，最后总监录用了她！

有的人不断抱怨问题，有的人想办法解决问题。

有的人总想着逃避处罚，有的人却敢于承担责任。

有的人只考虑自己的利益得失，有的人却总关心集体的利益得失。

有的人每天活在自己的世界里，有的人每天希望帮到更多的人。

有的人拿了工资后迅速消耗殆尽，有的人拿了工资后继续投资学习。

最终，有的人原地踏步，有的人却步步高升。究其背后的原因，都是这些微小资本的积累！可当结果出现的时候，有的人嫉妒他人，指责领导，抱怨不公平，却不明白这些都是自己资本的不断积累，价值的不断累加！

如果深究这些“微资本”背后的原因，不难发现，很多都与父母的教育有关。学校教育给的更多的是知识，而家庭教育给的更多的是性格、习惯和价值观！如果父母期待自己的孩子走向社会后，可以找到一份好的工作，可以更好地发展，就一定要从关注自己的“微教育”开始，这样孩子才能收获好的“微资本”。

第二辑

大树理念

参天大树从何而来？

人法地，地法天，天法道，道法自然。自然本身就是我们人生的导师，当我们读懂自然、读懂一棵大树成长规律的时候，我们便开始读懂了如何教育孩子。

给孩子送祝福的时候，大人们经常会说：“希望你能够像大树一样茁壮成长！”我们对孩子充满了期待，希望孩子可以茁壮成长，拥有美好幸福的一生，能够开花结果，有所成就。可我们是否想过一棵茁壮的大树从何而来呢？

首先，需要有一颗种子。种子继承了原先大树的基因，注定了会长成“树爸爸”的模样，结出和“树爸爸”一样的果实。

接着，小树苗要从根部不断汲取自己生长所需要的养分。如果没有根，小树苗注定没有办法成活；如果根部的营养不够，小树苗也会长得不够健康。所以根对于小树苗太重要了。

同时，小树苗需要肥沃的土壤、充足干净的水源、适度的光照等，在土壤贫瘠、水源短缺、阳光不充足的环境中，小树苗也是无法茁壮成长的。所以，环境对于小树苗也很重要。

慢慢地，小树苗开始长高，枝干变得越来越粗壮。在这个过程中，因为受到一些外在的影响，小树苗会长歪，这时候需要有人给予外力的引导，将树苗扶正，否则小树苗将越长越歪，以致无法矫正。所以，外力的及时引导也很重要。

小树苗慢慢长出了叶子，其中大多数都是绿油油的叶子，特别漂亮。在叶子中夹杂着几片黄色的叶子，在绿色叶子中那么显眼。护苗人从小树苗身边走过，花了大量的时间去摘掉那些黄色的叶子，可是却忘了给小树苗的根部输送营养，忘了给小树苗浇水，忘了矫正稍微有点歪的小树苗……最后小树苗的黄叶子越来越多，护苗人变得焦躁不安，甚至开始讨厌这棵小树苗，不断地指责和抱怨它，但是情况一点都没有好转，而是越来越糟，小树苗身上连绿色的叶子几乎都看不到了，就更别指望它能开出绚烂的花朵了。

幸运的是，护苗人偶然从一本书中获得了培育“茂盛大树”的方法，他开始不关注那些黄色的叶子了，而是不断给根部施肥，给树苗提供最好的环境，同时把长歪的小树苗矫正过来。神奇的是，过了一些日子，小树苗慢慢有了生机，黄色的叶子开始变绿；又过了一些日子，树苗长高长壮了，满树都是绿色的叶子，虽然绿色的叶子中依然夹杂着几片黄色的叶子，看起来并不完美，但是那已经不重要了！护苗人每天带着快乐的心情，欣赏着小树苗的茁壮成长。终于在一个春天，小树苗开出了绚烂的花朵；在一个秋天，小树苗结出了丰硕的果实！比它的“树爸爸”更殷实的果实，终于青出于蓝而胜于蓝！

“十年树木，百年树人”，小树苗就如同我们的孩子。“种子”好比父母的基因，有什么样的父母就会有什么样的孩子。

树根好比父母的教育，父母的教育影响孩子的一生。

土壤、水分和阳光好比孩子成长的外在环境，环境的好坏对孩子同样至关重要。

树干好比成长中的孩子，需要人不断地引导，不至于误入歧途。

树叶好比孩子身上的优缺点，绿色的叶子代表优点，黄色的叶子代表缺点。当父母们期待完美的时候，他们会花很多时间去摘除黄色的叶子，却对绿色的叶子熟视无睹，并且忽视了自身的成长和良好环境的营造，最终，以爱的名义“毁”了孩子的一生。所以，父母须明白，培养一个优秀的孩子如同培育一棵树苗，不是在黄叶子上花时间，而是在根部、在环境上花时间！

种下一颗好的种子

原生家庭的影响在一个人的一生中挥之不去，很多人花了一生的时间也很难让原生家庭的不良印记完全消失。为了孩子的幸福，在他还小的时候，多种些好的种子，就会多给他此生的幸福。

中国有句俗话："龙生龙，凤生凤，老鼠的儿子会打洞。"孩子的好坏和父母有着直接的关系。我们不从基因上来说明这个问题，我们需要引入一个非常重要的概念——原生家庭。

人一生有两个家庭：一个是自己出生、成长的家庭，即父母的家庭，叫作原生家庭；另一个是进入婚姻生活后所建立的家，叫作新生家庭。

原生家庭对孩子的成长影响极大，很多影响进入孩子的潜意识层面。原生家庭的气氛、传统习惯、父母之间的关系、兄弟姐妹之间的互动，对于孩子的发展，甚至对于孩子的新生家庭，都有着巨大的影响！

美国著名“家庭治疗大师”萨提亚认为，一个人和他的原生家庭有着千丝万缕的联系，而这种联系注定影响他的一生。

童年经历过的一些非常强烈、痛苦的经验感受，往往使当事人在不知不觉中做了影响一生的重大决定。

黄思燃（化名）是一个非常漂亮、品学兼优的女孩子，找对象的时候却总是找条件比自己差很多的男孩子，相处一段时间，又因为很难勉强自己接受而分手。为什么呢？

原来，在她6岁的时候父母离异了。父亲很优秀，却抛弃了她的母亲。母亲独自抚养她，为了养家，不得不做几份工作。有一天晚上，母亲还在工作，她一个人回到家，看到漆黑的房间，打开冰箱，里面什么吃的也没有。那一刻，孤独、凄伤的感受刻骨铭心。从此，她做了一个决定——绝不要被人抛弃。所以她找对象的时候不敢找和自己一样优秀的男孩子，因为害怕自己被抛弃！

这些潜意识中产生的“隐形的内在誓言”，常在当事人处理生命中最重要的人际关系时对结果造成决定性的影响。

案例一：父亲是个企业家，勤快、善良、宽容、真诚，凡事让着母亲。父亲常说母亲给自己生了3个儿子，立了大功。母亲爱整洁，细心、精干。他们的儿子常记得别人对自己的好处，和周围人相处融洽，对家人很尊重，特别是对妻子体贴入微。他们对孩子有耐心，不会乱发脾气及打骂孩子，凡事愿意自己悄悄地做，不愿指派别人干，人际关系好。

案例二：父亲曾是旧军队的军医，母亲是家庭主妇。父亲是个大男子主义者，经常训斥甚至打骂老婆、孩子，大家都很怕他。他们的大女儿在家里也常训斥、打骂弟弟妹妹，成年后常对孩子发脾气，经常命令孩子做事。家里的事必须按她的意思办，听到反对的话就大动肝火，刻意树立自己在家中的权威。她不尊重别人，办事武断，与家人关系较紧张。

从上面的例子中，不难看出孩子都受到了父母的重大影响，并给他们留下了深深的烙印。孩子因为没有独立分析和思考的能力，便会模仿自己最熟悉的父母的言行，久而久之，就无意

识地把早期父母的生活模式带到了自己成年后的生活中，并且自己根本就没有意识到。

很多人没有经过学习，并不了解原生家庭对于自己有着如此大的影响。

原生家庭中，父母对孩子过于宠爱，孩子很少遭受挫折。这样的孩子比较自恋，以自我为中心，别人只能顺着自己。

原生家庭中，父母脾气不好，经常吵架或打骂孩子。这样的孩子容易缺失安全感，一般会形成两种极端：一种是攻击性强，总是用暴力来解决问题；另一种是极度自卑、懦弱，在感情问题上不能坚持原则。

原生家庭中，童年时期没有和父母在一起生活的孩子，会归属感不强。一些单亲家庭的孩子，因为爱的缺失，不知道如何去爱对方。女方带大的女孩子特别容易出现这种问题，不知该如何与异性相处。

在卓越父母的课堂中，有一节课专门剖析原生家庭，目前全国已经有几十万人听过了这个课程。每次讲到原生家庭的内容的时候，现场很多人都会被深深触动，不少人声泪俱下，原来这么多年来让自己遭受那么多辛苦、那么多心酸的原因，早就在自己的原生家庭中形成。可以这么说，我们成年后的所有的行为，几乎都可以在原生家庭中找到影子，父母们现在组成的新的家庭，便是孩子的原生家庭，如果希望自己的孩子收获一个美好的人生，请从自己原生家庭的负面影响中走出来，不断修行，给自己的新生家庭种下一粒粒善的种子，让这个家庭中没有争吵，有的是理解；没有埋怨，有的是鼓励；没有指责，有的是赞美；没有溺爱，有的是原则！

营养从根部汲取开始

如果一棵树枯萎了，一定是无法再从根部汲取营养。我们总是看到地面以上的风光和萧瑟，却忽视了泥土下面的本质。教育需要抓住本质！

一棵小树苗要长成参天大树，根尤为重要。那么谁是孩子的根呢？毫无疑问，父母是孩子的根。

想要树苗茁壮成长，根就要粗壮；想要孩子健康成长，父母就要有智慧。

父母的智慧从哪里来呢？从父母的自身学习和成长中来。只有自己具有了智慧，才能用智慧的方法去教育自己的孩子。遗憾的是，父母教育孩子的时候很少找自己的问题，往往都是希望解决孩子的问题；自己努力学习成长的父母很少见，给孩子报很多培训班的父母却很多。

有些父母读到这，也许会想，是不是为了让孩子英语好，我就要学好英语然后教孩子呢？不少父母有这样的担忧：自己的文化水平不高，没有办法辅导孩子的功课。我觉得家长没有任何必要辅导孩子的功课，就算父母的学历很高，高中以上的科目也许都心有余而力不足了。

那么作为父母，我们应该给予孩子们怎样的营养呢？我们来看两幅图：

赏识树

抱怨树

透过这两幅画，我相信很多父母已经找到了答案。如果我们能够给孩子足够的爱、欣赏、耐心、接纳、平等沟通，孩子就能长出开朗、积极、阳光、自信、好学、感恩、负责的果实；如果我们给孩子强迫、指责、打骂、鄙视、计较，孩子就会长出自私、倔强、消极、冷漠、懒惰、自卑的果实。

知识层面的东西可以让孩子通过学校等渠道来学习，而父母更多地要给孩子心理和智慧层面的东西！

我的父母文化程度不高，都是普通工人。在我印象中，我妈妈没有教过我任何的文化知识，但是我内心深深感受到妈妈对我的爱和信任。妈妈总是发自内心地认可我、表扬我，经常摸着我的头说："我们家儿子最好了，从来不让妈妈操心，一回来就知道写作业。"不仅在我面前，在邻居的面前、在亲戚朋友面前，她都这么表扬我，搞得邻居、亲朋好友见到我也都表扬起我来。我放了学回家，我的潜意识都在告诉我要好好学习，做完作业才可以玩。妈妈的爱和信任，给了我快乐学习的动力，给了我自主学习的能力！

父母是孩子的根，孩子能长出怎样的果实，要看父母给予孩子怎样的营养。很多父母说，我也不想这样指责和打骂孩子，可是我的孩子有时候调皮起来真的让人无法忍受！这样的父母要了解，孩子调皮恰恰是我们指责和打骂的结果。如果我们不从源头上解决，不从控制自己的情绪开始，这样的结果只会越来越恶劣，甚至到了青春期或者某一天会爆发。在我的身边，不少父母会找到我，因为情况真的恶劣了，孩子和父母对打，孩子偷拿了父母的钱离家出走，甚至还有更加恶劣的事情发生。所以家长们，修炼好自己，给予孩子合理的营养，才能培育出参天大树！

我们常说，要从根上解决问题，如果根本的问题没有找到，只是在现象中解决问题，最终得到的还是迷茫！孩子的教育，需要从父母的自我教育开始，因为父母是孩子的根！

树苗需要一个好环境

基因再好的树苗如果总是被暴风骤雨摧残，也很难茁壮成长，一个好的环境胜过百种绞尽脑汁的技巧。

现在的自然环境不断恶化，雾霾越来越严重，随之而来的疾病也越来越多。如果想要一个健康的身体，环境就显得特别重要。孩子的成长也是如此，如果希望孩子能够成才，就要给予孩子好的环境，如同培养一棵树苗一样！

首先，掌握环境的“度”很重要。树苗的生长需要适宜的环境，如果不给树苗浇水，树苗会干涸而死；如果给树苗浇太多的水，树苗则会被淹死！这就像给孩子的爱一样，如果给太多的爱，变成了溺爱，孩子会变得很自私，以自我为中心，不懂得关心别人；如果不给孩子爱，孩子会缺乏安全感，恐惧胆小，或者无事生非以吸引别人的注意力。所以，不是给孩子家长们自己认为的最好的环境，而是给孩子最适合的环境。

其二，不仅注重外在硬件环境，更要注重内在心理环境！如果我们把一棵树苗移到温室里面，周围的硬件环境很好，树苗能够长得很好，可被过度保护的树苗不经历风吹雨打，无法拥有适应自然的能力，一旦移出温室就无法存活。父母给孩子的教育也是如此，如果父母过度地保护孩子，不让孩子受到一点伤害，最后只会剥夺孩子自我生存的能力。所以，好的教育不仅需要好的硬件环境，还要给孩子自由的生长空间，并且不断给孩子鼓励和支持，在孩子需要帮助的时候给予帮助，而不是无微不至的呵护！

其三，阳光的照耀要温暖，而不是炙热。经常看到一些父母，给孩子太多的压力，要孩子学这学那，希望孩子能够多掌握一些本事。但是父母这样的能量，就像炙热的太阳，不仅不能培育出好的树苗，甚至会把树苗烤焦了！父母需要让孩子承受一定的压力，但要适度。没有一点压力和要求，孩子无法变得卓越；压力过度了，小树苗就像被太阳没日没夜地照耀着，最终会被烤焦！

当然，不光是父母创造的环境，孩子周遭的一切，都是孩子的环境！因为环境中的营养和垃圾，会被孩子无差别地汲取，然后输入自己的体内！

例如，家庭聚会时，餐桌上的交谈就是环境。聚会中大家都在谈论积极正面的话题，孩子就收获了积极正面的思想；如果大家都在抱怨、指责、怒骂，孩子们就收获了负面的情绪！

再比如，一个家庭中，夫妻和谐，孝顺长辈，所有的亲朋好友之间相处也非常融洽，在这样一个其乐融融的家庭环境中，孩子们就被爱包围着，内心就会拥有爱的感觉；如果在一个彼此指责、相互抱怨的家庭环境中，孩子不知不觉就会变得焦躁不安或者冷漠麻木！

再比如，一个家庭环境中，大家都喜欢阅读，常常陪着孩子一起读书，那么孩子就爱上了阅读；如果大家喜欢打麻将，孩子也会不知不觉成为“麻将高手”。

家庭周围的环境也很重要，《孟母三迁》的故事广为流传。

孟子小时候，居住的地方离墓地很近，孟子便学了些祭拜之类的事，玩起办理丧事的游戏。他的母亲说：“这个地方不适合孩子居住。”于是将家搬到集市旁。孟子又学了些做买卖和屠杀的东西。母亲又想：“这个地方还是不适合孩子居住。”又将家搬到学宫旁边。孟子学会了在朝廷上鞠躬行礼及进退的礼节。孟母说：“这才是适合孩子居住的地方。”就在这里定居下来了。

现代社会，除了家庭周围的环境，学校的环境、媒体的环境、社会的环境都很重要。我经常和媒体人在一起交流，我觉得媒体的报道中要多些正能量的内容，孩子们看电视的时候才能接受到正能量的教育。我们不能一味地为了吸引眼球，而传播负能量的内容。

环境对于孩子很重要，对于目前已经存在的环境，我们不应去抱怨，而应该一起承担责任。就好比雾霾，我们每个人都在说着雾霾的不好，但是我们还是大量地放着烟花爆竹，过度地消耗着资源。世界的环境要好，国家的环境要好，家庭的环境要好，永远无法靠抱怨解决，而是需要每个人一点一滴地行动起来。你我都出一点点力，环境才会越来越美好！

不要让小树苗从小长歪

当我们不断持续重复同样的事情就会变成习惯，习惯的持续时间越久就越难改变。孩子的教育也是如此，错误的教育会让孩子在错误的方向上越走越远，继而形成一种模式！

是矫正一棵1米高的小树苗容易，还是矫正一棵10米高的大树容易呢？答案不言而喻！

我曾经给成年人开发了一个课程，名称是“我是团队”，通过120天的学习，让成年人能够有所改善。的确，在课程中，成年人有了变化，大家开始找自己的问题，大家开始发现自己的生活原来都是自己种下的因结出的果。大家开始后悔，如果当初能够早点改掉这样的缺点，那今天将会有更好的成果。在课程进行中，我有个想法跳出来，与其给“成年人的今天”上课，不如给“成年人的过去”上课，也就是给“成年人的小时候”上课，也许效果更好。

于是，我开设了青少年情商特训营，通过游戏、互动、视频等方法，培养孩子的爱心、责任心、感恩心、孝心、坚持力等品质。这个课程的时间是三天，很多家长在给孩子报名的时候在想，三天的培训真的能够改变孩子吗？当三天课程结束的时候，孩子们成长了，家长们相信了！

因为，通过三天的情商课，可以在孩子们心中种下一颗种子，能够植入一些正面的观念，矫正一些不良的行为。

记得有次情商课之前，有位妈妈找到我，说她的孩子要上初一了，现在和社会不良青年在一起，甚至有时候趁着父母睡着了，偷偷跑到外面去和别人喝酒抽烟。父母急得每晚睡不着觉，不知道如何解决，以前有效的打骂现在也没了作用。

初一的矫正已经有些难度了，如果父母们在孩子0—12岁期间能够很好地进行教育，这样的事情就不会发生。究其原因，是父母在孩子小的时候，忙着自己做生意赚钱，忽视了对孩子的陪伴，今天把孩子给这家人带，明天把孩子给那家人带，根本不关心孩子身边的圈子是怎样的。孩子需要帮助的时候找不到父母，随着孩子慢慢长大，他发现自己身边的朋友“挺够义气”，所以就玩到了一起。他发现追求刺激可以给他带来快乐，所以他就开始追求刺激！

在课程中，我讲到了梦想的主题，讲到了监狱的话题，讲到了我们如何去设计自己的人生，讲到了如何选择真正的朋友；在课程之外，我与这个孩子平等地交流，倾听他内心的声音。我相信没有一个孩子是不希望自己好的，只是我们没有给他好的指引。

当我们用真心换真心、用思想影响思想的时候，孩子能够感觉到，也能领悟到。课程结束的那天，孩子抱着妈妈哭了，告诉妈妈自己错了，现在自己要创造出一个精彩的人生！

当然，教育远远不是这么简单。这样的矫正，不是一次性的事情，要持续不断，要有耐心，还要使用智慧的方法。

在情商课中，我们遇到了很多所谓的“问题孩子”，究其原因，基本都和家庭的教育相关。父母是孩子最重要的情商老师，父母时刻都在给孩子进行着情商的教育，智慧的父母知道在什么时候、用怎样的方法来引导孩子，从而达到效果，而不是一味地指责和抱怨，那样只会适得其反！

如果父母们还不知道如何智慧地去教育，那就一定要早些学习，因为对孩子的正面引导越早越好，4—6岁的问题原因往往出现在0—3岁，7—12岁的问题原因往往出现在0—6岁，13—18岁的问题原因往往出现在0—12岁，成年以后的问题往往出现在未成年之前。当问题已然成为事实的时候，已经错过了最佳的解决时机。所以，越早矫正付出的代价越少，越往后的矫正付出的代价越多！

不要总在叶子上解决问题

当我们总看到问题的时候，问题就会越来越多。当我们试图摘下树上所有黄叶的时候，我们不仅在现象中迷失，还会带来更多的假象，继而无所适从。

父母因为特别爱孩子，也对自己的孩子充满了期待，所以总是希望能够拥有一个完美的孩子。可很遗憾的是，世间本就没有完美存在，可不少父母依然坚持追求这个不存在的完美，每天把大量时间花在发现孩子的不足上，而不是花在欣赏孩子的优点上。

就好比一棵茂盛的大树，难免会长出一些黄叶。如果我们总是把焦点集中在黄叶上，就会变得焦躁不安，不去除这些叶子，心里面就特别难受。可是树上还有那么多的绿叶，为什么我们就没有看到呢？

当我们试图去摘除一片片黄叶的时候，树苗被弄得疼痛叫喊，可我们却告诉它，这是为了它好。树苗伤心难过，它竭尽全力地秀出它那么多的绿叶，希望我们看到它的美和好，我们却熟视无睹，还是紧盯那几片黄叶，非要摘除才心情舒畅。当我们终于完成了自己的心愿，摘除了那几片黄叶，喘了口气，可我们遗憾地发现，树上又出现了更多的黄叶，怎么摘也摘不完！

如果爱孩子，请接纳孩子的全部，包容孩子的缺点，其实，换个角度，缺点的背后往往是优点！

父母经常抱怨自己的孩子调皮好动，可这样的孩子往往聪明机灵。

父母经常抱怨自己的孩子内向不主动，可这样的孩子往往谨慎仔细。

父母经常抱怨自己的孩子粗心大意，可这样的孩子往往不拘小节。

父母经常抱怨自己的孩子拖拉慢吞吞，可这样的孩子往往性格温顺。

换个角度，缺点都变成了优点，关键在于我们看到的是什么。这个世界是一样的，但是我们看到的不一样，因为我们的心不一样。如果父母们能够带着接纳、欣赏、相信的心，满眼看到的都会是绿色的叶子！

有的父母会质疑，如果看到黄叶不去摘除，日后不会更加麻烦吗？一棵树要茁壮成长，我们要关注更多的不是叶子，而是树根、环境和恰当时候的矫正。当我们做好这一切的时候，这棵树一定能够长成参天大树。尽管这棵参天大树不是完美的，但它是健康的，是能够为别人遮风挡雨的。

比如你现在在自己的单位工作，如果你的上级天天挑你的毛病，一看到你做得不好的地方就指责，对你的付出和做得好的地方却熟视无睹，请问你会怎样面对工作呢？如果上级能够给予你鼓励、支持和赞美，提供一个积极向上、其乐融融的工作氛围，在你需要的时候提供恰到好处的帮助，你觉得工作的结果是不是会变好呢？

智者畏因，愚者畏果

智慧的人可以站在更长的时空中觉知到因果，只关注眼前利益往往会失去未来，看到未来的结果而做当下教育的时候，我们就明白什么该做什么不该做了！

当一个不好的结果出现的时候，很多人会懊悔，想当初如果不“那样”，就不会有“这样”的结果了！很遗憾，当结果成为事实的时候，没法改变，这时的悔恨、忧伤、痛苦和难过都没有用，我们要学会接受、处理和放下。

追求美好的生活是所有人的梦想，可我们真的找到了获得美好生活的秘诀了吗？真正的美好生活是我们种下一个个“善因”的结果，很多的灾难都是我们种下一个个“恶因”的累加。

父母是孩子最大的“因”，孩子是父母的“果”。

有个爸爸，常常不遵守交通规则，开车的时候不系安全带，限速120公里/小时，他常常开到150公里/小时。这个爸爸非常聪明，为了逃避测速监控拍照，用光盘遮挡住车牌号，而且运气一直很好，多次这样做，却一直都安然无恙。

孩子长大了，拿了驾照，拥有了自己的车，欣喜万分，开着车上了高速。

他从爸爸那里学会了不系安全带，从爸爸那里学会了超速。“长江后浪推前浪”，爸爸开150公里/小时，我就要开180公里/小时；和爸爸一样，遮挡着车牌号，以为这样就可以躲过监控的拍摄。确实，他躲过了监控，但是最终没有能够躲过灾难，因为车速过快，他发生了车祸，两条腿被截肢了。面对这样的悲惨结果，全家悲痛万分，孩子的爸爸老泪纵横，抱怨着老天爷对孩子不公平。殊不知，这是他自己教育的结果啊！

智者畏因，愚者畏果，如果希望培养出一个好的孩子，一定要在原因上下功夫。

让孩子学会遵守交通规则，而不是逃避交通处罚；

让孩子学会与人为善，而不是有仇必报；

让孩子学会谦让他人，而不是争强好胜；

让孩子学会挣钱的本领，而不是伸手要钱；

让孩子学会帮助别人，而不是自私自利；

让孩子学会自我保护，而不是期待父母无微不至的呵护！

第三辑

自我修行理念

谁是一切问题的根源？

我是一切问题的根源，解决问题先从觉察自己开始，我们所有试图妄想改变别人来迁就自己的方法，只会痛苦了别人也伤害了自己。你若盛开，蝴蝶自来！

父母们经常会抱怨自己的孩子这不好、那不好，甚至有些父母会唉声叹气道："我怎么会生出这样一个孩子！"紧接着，千方百计地去改变孩子，最后发现情况非但没有好转，还越来越糟！

问题到底出在哪里呢？

我常问父母们一个问题："如果一个孩子，在同样的学校上学，同样的老师教，生活在同样的环境里面，就是父母不一样，10 年以后，请问培养出来的孩子一样吗？"很多父母回答："当然不一样！"所以，如果是孩子的问题，那么同样的孩子应该是同样的结果；但是现在孩子相同，因为父母不同了，孩子的结果也不同了。所以，谁是一切问题的根源呢？

有这样一个恶性事件，震惊全国。

西安音乐学院学生药家鑫，2010 年 10 月 20 日在开车返回学校途中，突然听见“嗵”的一声，便下车察看。结果发现车旁有一个女人侧躺在地上，发出呻吟声。天太黑，药家鑫不清楚她伤的程度，心里特别害怕、恐慌，害怕她以后无休止地来找他索赔。两三秒后，药家鑫从随身带的包里取出一把单刃刀，向伤者连捅数刀，然后驾车逃跑。

在一审最后陈述时，药家鑫边哭边说：“我知道我的行为深深伤害了两个家庭。我和我的家人将会尽最大的努力赔偿受害人的家人，希望受害人的家人能好过一些。”说到这里，药家鑫的声音颤抖不停：“我会怀抱着一颗忏悔的心、感恩的心，回报社会，向受害人的家属赎罪。如果有可能的话，我愿意给受害人的父母养老，给他们当牛做马，请求他们的宽恕……我对不起他们……”

很遗憾，法律面前没有人情，一个人终要为自己的过错承担责任。最后，药家鑫以故意杀人罪被判处死刑。

当全国都在对药家鑫口诛笔伐时，我们有没有想过，到底是什么原因，让药家鑫成了一名杀人犯呢？

在柴静对药家鑫的专访中我们似乎找到了答案，药家鑫回忆：“从小到大，我的生活几乎除了学习就是练琴。为了练琴，妈妈甚至会拿皮带抽我。有一段时间，爸爸看我的成绩不好，把我关在地下室，除了吃饭能上楼以外，其他时间都在地下室待着。我觉得看不到希望，压力特别大。”

药家鑫的父母回忆他们对孩子的教育，几天几夜睡不着觉，说：“我们到底哪做错了？对孩子严是不是也是错？孩子学琴确实没少挨打。学艺术类专业，不是那么容易的，没有付出是不可能的。”

药家鑫被判处死刑后，他的父亲在微博中说：“我平时管教孩子过于严厉，令孩子在犯错之后害怕面对，不懂处理，最终酿成大罪。”

药家鑫案值得我们深思。悲剧是难以挽回的，两个年轻的生命就此离开，两个美满的家庭从此破碎。如果药家鑫的父母能够懂得教子之道，明白孩子不是机器，而是有血有肉的生命，需要父母给予理解、支持和帮助；如果药家鑫生活在一个父母懂得如何爱孩子的家庭，明了无论在外面遇到什么问题，父母都会和自己一起面对和解决……相信药家鑫遇到问题时的解决方法就会完全不同，他的人生就会是另外一个结局！

很遗憾，这个世界没有如果。药家鑫案警示我们，谁是一切问题的根源呢？

我们不否认药家鑫的父母很爱自己唯一的儿子，倾其所有培养他，但是他们只关注了孩子的能力层面，却忽视了孩子的心灵层面。这个案件虽然是个案，但是与药家鑫的父母类似的父母并不少见。这样的父母培养出的孩子未必都会犯下如此严重的错误，但是很多事情偶然中有必然，必然中存偶然，正确的教育就是让一些遗憾发生的概率小一些！

我相信“我是一切问题的根源”！凡事要找自己的问题，因为我们永远无法解决别人的问题！

夫妻间吵架，经常都在找对方的问题，可是不要忘了，无论是丈夫还是妻子都是自己找来的；在公司上班，老板抱怨自己的下属，可是不要忘了，这个下属是自己招聘进来的；员工抱怨自己的企业，可是不要忘了，这个企业是自己应聘进来的……

“我是一切问题的根源”，我们只有从自己身上找原因，才不会去找借口，才会去承担责任，才会去选择改变！

曾经有一个耄耋老人发出这样的感叹：“当我年轻时，我计划改变整个世界。当我渐渐长大，我感觉到，这份野心似乎太大，于是我计划改变我的国家。可是随着年龄渐长，我发觉这个抱负依然太高，所以我决定改变我居住的小区。当我发现连这点也很难做到时，我退而求其次，只求改变我的家庭。如今，我已白发苍苍，我终于明白，我应从改变自己开始。如果我当初由改变自己开始，也许我能够成功地改变我的家庭、我的小区，甚至我的国家。”

父母如何明辨是非对错？

父母明辨是非对错的标准是：我希望我的孩子如何做？同时，父母首先按照这样的标准来要求自己。不以自己的利益得失来衡量好坏，而是客观地分析判断，这也是一种无我的境界！

相信父母都希望自己的孩子能够明辨是非，可父母自己能够明辨是非对错吗？况且，是非对错本来就那么复杂，因为立场不同、观念不同、角度不同、利益不同，是非对错也会不同。

在现实生活中，总有很多的争吵，双方都各执一词，觉得自己没有错，都是对方的错！

如果站在自己的利益角度考虑，那么对自己好的就是对的，对自己不好的就是错的。这样的是非观有些狭隘了，也不够客观。

那如何客观地去判断一件事情的是非对错呢？

明辨是非对错的判断标准应该是：我希望我的孩子如何？

孩子大学毕业后找工作，来到了两家单位：

第一家单位，孩子上班迟到不处罚，能混过关则混过关；上级对孩子不严格要求，常常放任不管；到了下班时间，不管工作有没有做完，拎包就走；晚上和同事在一起喝酒、抽烟、聊八卦。

第二家单位，孩子上班迟到必须处罚，学会承担责任；上级对孩子严格要求，精益求精，到了下班时间，把工作做完再走，今日事今日毕；鼓励孩子晚上去学习，活到老学到老，不断进修跟上时代发展步伐。

请问你会让孩子选择去哪一家单位呢？我想绝大多数的父母会选择第二家。因为大家都明白，在第二家单位工作，孩子能够学会承担责任、珍惜时间，能够提升更多的能力，创造更多的价值。

父母不会害自己的孩子，一定是希望自己的孩子好。因此，“我希望我的孩子如何”可以成为判断一件事情好坏的基本标准。相信父母一定希望孩子遵守交通规则，希望孩子孝顺，希望孩子懂得感恩，希望孩子不要投机取巧。

如果父母真的这样希望，说明这些都是好事，那么，就请父母从自身做起，开始遵守交通规则、孝顺父母、感恩他人，做事不急功近利，因为父母所有的正面行为都是正向的输入！

换位思考，一切就想通了

换位思考的背后是同情心、同理心和慈悲心。换位思考给我们带来更多的角度和空间，让我们可以多些理解、包容和爱！

我上台演讲的时候常会说：“请给点掌声和欢呼声好吗？”台下听众常常很给力，鼓掌欢呼起来，这样的能量让我觉得我被爱包围着！

有一次，有位听众站起来说：“为啥老师没有上课，就先要掌声？”我没有直接回答这个问题，而是邀请这位听众上台，然后做了一次场景小模拟——

他第一次上台的时候，所有的听众都冷漠地面对他，没有掌声也没有欢呼声；第二次上台的时候，台下掌声雷动，欢呼声此起彼伏。

我问他：“你喜欢哪次上场的感觉？”他回答：“第二次。”

我说你以后上场希望获得哪种感觉，他依然回答：“第二次。”

我告诉他：“你想要的也是我想要的。当你在台下的时候，你如果能够换位思考，就能明白我想要的是什么。每个人都需要理解别人，因为每个人都需要被理解；每个人都需要学会爱别人，因为每个人都需要被别人爱。”

换位思考，是一个人极大的情商，也是一个人的慈悲心！

如果夫妻之间换位思考，很多的事情就很容易理解。

先生下班后，和单位同事一起在外面吃饭、喝酒、聊天，很晚才回到家。太太看到这个场景，气不打一处来，狠狠地说了先生一顿，然后把喝醉的老公留在了客厅，自己气呼呼地去睡觉了。

如果你是这位先生，你是怎样的感受？你会更爱这个家吗？

如果太太可以换位思考，想想老公工作不容易，如果下班同事喊吃饭总是不去，最后人际关系就会出现问题；如果吃饭老不喝酒，也不太给别人面子；喝了酒话就多，聊天久回来晚很正常。老公毕竟为这个家操劳了很多，压力也大，要买车买房还贷款，还要供子女上学，老公也不容易！换位思考到这，给喝醉的先生泡一杯茶，暖暖胃，然后泡上洗脚水。

如果你是这个先生，太太这么做了，你会更爱这个家吗？

所以，夫妻之间，多些换位思考，多站在对方的角度考虑问题，彼此相互理解，很多问题就都解决了！

父母和孩子之间，如果能够换位思考，很多教育上的问题也能迎刃而解！

有一次，一位妈妈带着上六年级的孩子来参加情商课程。见到我之后，她指着旁边的孩子就说开了："我儿子现在特别不让我省心，天天玩游戏，不认真读书，越大越不懂事，还经常和我顶嘴。我真的拿他没有办法，请老师您好好调教他，否则我觉得他的未来没有希望了！"

她说完这段话后，孩子的脸都青了。我把她拉到一边，说："现在要调教的不是孩子，而是你哟！"

这位妈妈茫然了。

我和她说："你刚才说的每件事情看上去都是事实，但是你当着一个陌生人的面这么说你的孩子，你有没有站在孩子的立场考虑问题呢？你顾及他的面子和感受了吗？"

事实也如此，被妈妈这么当面批评一顿，这个孩子怎么说都不肯进去上课！如果这位妈妈能够多些换位思考，多给孩子一些赞美，结果就会大不相同！

我们还要教会孩子换位思考，理解别人的感受！

一个 4 岁左右的小男孩，和一只小猫在玩耍，玩着玩着，他把小猫扔到了水缸里。小猫吓得惊恐万分，在水缸里扑通着，尖叫着，可是小男孩却笑得很开心，手舞足蹈，觉得很好玩。

这个时候，我跑过去，把猫从水缸里面捞出来，走到男孩的身边，低下身来和男孩讨论着："小宝贝，你摸摸这只小猫。如果你是它，你觉得冷不冷呢？"

小男孩回答道："冷呢！"

我继续问道："小猫是你的好朋友，如果你和别的小朋友在一起玩耍，别的小朋友把你扔到了水缸里面，你冻得瑟瑟发抖，他们还开心地笑着，你觉得开不开心呢？"

小男孩回答道："不开心。"

"所以，小宝贝，小猫也是这样，刚才你把它扔到水缸里面，它也很不开心，很伤心，和你被朋友扔到水缸里的感受是一样的。现在我们一起把小猫烘干，让小猫舒服，好不好？"

小男孩似乎明白了，立刻跑到房间拿了吹风机出来，帮小猫吹干，还一直喃喃自语："刚才是我不对，小猫咪，以后我不会了！"

如果我们拥有了换位思考的能力，我们会发现，很多事情都会发生变化：很多原来看不顺眼的人我们看得顺眼了，换位思考后，我们知道每个人都不容易；很多原来不明白的事情我们能明白了，换位思考后，我们能够多角度地看问题；很多原来不能接纳的社会现象，我们能够接纳了，换位思考后，我们明白了世界是多元的，不能用自己的标准要求所有人、所有事！

多些换位思考，理解了别人，
也会让自己心中更加清澈！

二八定律和金字塔尖

想过高标准的生活，就要有高标准的要求。这个标准不是苛刻，而是一种高能量的智慧！

什么是“二八定律”呢？1897 年，意大利经济学者帕雷托偶然注意到 19 世纪英国人的财富和收益模式。在调查取样中，他发现大部分财富流向了少数人手里，而且在数学上呈现出一种稳定的关系。于是，帕雷托从大量具体的事实中发现：社会上 20% 的人占有社会上 80% 的财富。

如果把社会比作一个金字塔，越往下，人数越多，越往塔尖走，人数越少。所以，只有少部分人站在高处，位于金字塔尖的位置。

有人抱怨这种法则的不公平，社会的财富应该平均分配，每个人都应当获得同样多的财富。理论上是这样的，但是事实并非如此，这种看上去的不公平恰恰也是一种公平。曾经有个预测：如果将世界上目前的财富进行平均分配，等到20年之后，依然会恢复到20∶80的局面。为何？因为贫富只是一个结果罢了，关键出在原因上。成功的人掌握了财富的秘诀，当他们运用这些秘诀的时候，就算没有钱也能挣到钱；而那些不知道挣钱秘诀的人，即使拥有了钱，最后也会变得身无分文！

父母想必都希望孩子可以成为20%的人，希望孩子可以站在金字塔的高处。那我们一起来找寻一下成为20%的人的秘诀，20%的人和80%的人究竟有什么不同呢？

20%的人在问题中找答案，80%的人在答案中找问题；

20%的人放眼长远，80%的人只顾眼前；

20%的人做简单的事情，80%的人不愿意做简单的事情；

20%的人常常赞美、鼓励，80%的人常常谩骂、批评；

20%的人敢于面对困难，80%的人逃避现实；

20%的人会坚持，80%的人常放弃；

20%的人计划未来，80%的人早上起来才想今天干吗；

20%的人明天的事情今天做，80%的人今天的事情明天做；

20%的人认为他们应该满足以上的80%，80%的人觉得上面说的我有20%就好。

原因不同，结果自然就不同。这些道理很多人知道，却很少人做到。我在演讲的时候，有些学员会跑过来问我怎么做好演讲。我和他们分享经验："我有一个习惯，我喜欢写思想日记，每天坚持写，到现在已经写了2000多篇。因为演讲的内核很重要，你的内在有东西才能拿出来与别人分享。"学员听后表示认同，回去开始写起来。第一篇很认真，第二篇也不错，可是十几天以后，就发现没了踪影。所以，知道还要做到，做到还要坚持，才能由量变演变成质变！

作为父母，我们知道要赞美孩子，但是坚持赞美的不多；我们知道自己要学习，可坚持学习的不多；我们知道要言传身教，做好自己，可随着时间推移，我们逐渐放松了对自己的要求！

按照"二八定律"推断，只有20%的父母能够培养出20%的卓越人才，使他们走向金字塔尖。相信你一定是其中的那一位，只要你可以知道、做到，并且坚持做！

静心才能清醒教育

静能够吸引智慧，静能够明辨是非，静能够养心。心清澈了，才能够清醒地教育！

我们前面提到的“换位思考”也好，“明辨是非”也好，“二八定律”也好，都需要静心才有可能做到。因为一个人在有情绪的时候，很难让自己的心清静下来。而人在心不够静的时候，往往难以做出正确的判断。同样，父母在心不够静的时候，往往容易做出错误的教育。

我曾经做过一个调查，题目是“我眼中的妈妈”，有四个选项，分别是：

A. 美丽动人　B. 天天发火　C. 风趣幽默　D. 情绪多变

D 项是被最多孩子勾选的一项。这说明孩子眼中的妈妈往往都是心不够静的，开心的时候就对孩子很好，孩子想要什么就给什么；情绪不好的时候，就把情绪撒在孩子身上，甚至打骂孩子。

我曾经遇到过一个仅仅8岁的孩子，他特别调皮，你让他做什么，他偏偏不做什么。上课不听讲，坐不住，喜欢捣乱和恶作剧，老师根本无法管理，请父母到学校也成了家常便饭。他的父母特别头疼！原来孩子的父母经济条件不太好，而且脾气也都不好，经常在家里吵架。从孩子小时候开始，只要孩子有一点做得不好，就对孩子拳打脚踢，甚至倒拎着孩子的双腿把孩子伸到二楼的窗外吓唬孩子。在这样的教育中，孩子慢慢地长大了。如果这孩子的父母能多一些耐心，多一些爱的眼神，多一些轻柔的话语，也许结果就会大不相同！

当然，我们能够理解做父母的不容易，所有的父母都很爱自己的孩子，对孩子抱有很多的期望，自己也承担着巨大的压力，上有老下有小，还有很多的工作要做，有情绪很正常。但是，这不能成为在情绪中教育孩子的借口。如果真的情绪来了，可以出去走一走，让自己的心安定下来，和自己进行正面的对话，看到生活中美好的一面。每个人都会遇到不如意的事情，但是我们可以变换心情，境随心转！

静心并不那么容易。当情绪来的时候，首先觉察到自己的情况，进而控制自己的情绪。控制不是压抑，而是知道情绪就在那，和自己的情绪在一起。这个时候不适合教育孩子，而是要让自己安定下来，直到情绪平复下来。因为智慧只有在安定的情况下才能生发出来，而只有智慧的教育才能开出绚烂的花朵。

遗憾的是，很多父母做不到静心，任由自己带着情绪进行教育，所以教育的智慧无法出来。在负面情绪下的教育往往都是负面的输入，教育就是输入和输出，一旦父母对孩子进行负面的输入，孩子也会呈现负面的输出。

不少人急功近利，同时喜欢互相比较，这个时候，父母就更要让自己的心安定下来，须明白，凡事不能着急，有些花是春天开，有些花是夏天开，有些花甚至要到冬天才会开。如果我们心不够静，看到自己的孩子没有别的孩子表现好，就会心生不悦，指责和抱怨孩子，或者以爱的名义“摧残”孩子，最后给孩子造成伤害。

让自己的心静下来，
智慧就会来敲门！

父母的担忧是对孩子的诅咒

当我们害怕失败的时候已经失败了，当我们总是担忧的时候已经吸引厄运了。让心阳光，幸福才会来敲门！

世界上每天都会有各种各样的好事和坏事发生着：每天会有人升职加薪，每天也会有人丢了工作；每天会有人大病初愈，每天也会有人病入膏肓；每天会有人喜中彩票，每天也会有人惨遭火灾；每天会有人取得好成绩，每天也会有人名落孙山……

因为无常，很多人对未来充满了恐惧，充满了担忧，期盼着能过得更加美好，也恐惧着灾难发生在自己身上！

我在与不少父母交流中发现，很多父母都活在恐惧中，担心自己的孩子成绩不好怎么办、生病怎么办、出车祸怎么办，担心孩子与不好的同学交往怎么办、在外无法照顾自己怎么办……一连串的担心，让父母们心力交瘁！

父母心生担忧和恐惧的时候，总是试图用自己的方式控制事情不向坏的方向发展，对孩子的干预和控制增多，反而不够顺其自然了。当担忧过度的时候，不仅不会有好的事情发生，反而会使情况朝着自己所期待的相反面发展。

有的父母担心孩子考试成绩不好，就天天对着孩子唠叨，告诉孩子成绩有多么重要，考不好自己多么没有面子，然后拿亲戚家成绩好的孩子来和自己的孩子做比较，结果孩子成绩越来越不好。

有的父母担心孩子上下学出现交通意外，所以从孩子幼儿园开始，一直亲自接送，一点都不敢大意，结果孩子丧失了自理的能力。

有的父母担心孩子早恋，担心孩子与不好的同学在一起，所以总是控制孩子的朋友圈，只有自己认可的朋友才可以交往。孩子才和异性有些交往，就高度谨慎，好像发生了天大的事情一样，然后偷偷翻看孩子的日记本，甚至偷了孩子的QQ密码进行打探，让孩子毫无隐私可言。一旦发现不好的线索，就和孩子大吵一番，最终使双方陷入对立的局面。

不可否认，这一切的担忧都源自父母对孩子的爱。可是爱需要通过正确的方法。很多父母不能控制的不是孩子，而是自己的那颗心！

马来西亚曾经有个富翁，非常有钱，可是他有一个心愿一直没有完成。

多少年来，他一直希望自己有个孙子。他想尽了各种办法，终于有一天，他的愿望实现了。富翁欣喜万分，他对这个孩子格外关注。他知道孩子小时候很容易生病，就去问医生：“孩子一般到了多大就不容易生病了？”医生回答：“一般到了 4 岁就不容易生病了。”富翁听后，回去给孩子造了一间无菌室，让孩子在里面生活，一直到了 4 岁。孩子 4 岁那一天，全家庆祝，孩子终于不容易生病了！结果怎么样呢？

大家可想而知。是的，那个曾经很健康的小男孩，出了无菌室后，就开始生病。因为他从未经历过疾病，所以一点点的小病菌都抵挡不了，最后病越来越重，最终他不治夭折！爷爷很爱孙子，可正是这种爱害了孩子，因为这样的爱违背了自然规律，不够顺其自然。可又有多少父母和这个爷爷一样，因为爱而担忧，最终害了自己的孩子。

一个人的免疫系统是在经历疾病后形成的。一个人不经历很多的小风雨，怎么能抗击大风雨？一个人不经历很多小的挫折，面对大的磨难时只会不堪一击！

当我们害怕失败的时候，已经失败了；当我们害怕失去的时候，已经失去了。其实，我们真正要面对的不是失败，而是自己担忧失败的那颗心；我们自己要克服的不是那么多的失去，而是自己恐惧失去的那颗心！

无论我们怎么准备，有些事情我们都无法准备，因为生命本就是无常的。既然我们无从准备，那我们的担忧有用吗？我们的担忧会让事情越来越好，还是越来越坏呢？

父母们不容易，常常在爱与担忧中挣扎着，从20世纪80年代开始实行的独生子女政策，一个家庭只能有一个孩子，更是让很多家庭对这唯一一个孩子格外重视。父母、爷爷奶奶、外公外婆都把这个孩子当作手心里的宝，因为实在输不起！2016年，“二孩”政策放宽了，我很是欣慰，部分在教育过程中面临的问题可以因为非独生子女而有所缓解。当然也会面临新的问题，不过我觉得只要父母不断地修行，当能力达到的时候，所有的问题都不是问题。

我们相信美好，美好才会不断到来，哪怕来的不是美好，我们也要相信风雨过后一定有彩虹。我们永远要有一个积极、正面的心态。

当我们相信美好存在的时候，美好就会来敲门；当我们总是相信厄运的时候，厄运也会被我们召唤过来。担忧本身就是一种诅咒，既然我们无法控制很多事情的发生，我们何不带着一颗平常心去接纳所有呢？

当我们真的能够接纳所有的时候，将会有更多美好的事情发生。这样，我们的生活才能真正美好起来！

父母的高度决定孩子的高度

孩子最大的幸运就是遇到有高度的父母，因为站在智慧父母的肩上，可以欣赏到更美的风景！

为什么要让父母修行呢？因为父母的高度决定孩子的高度，父母的智慧决定孩子的幸福！

如果教育真的有一个标准，那就太好了，可惜的是，教育没有标准。生活中发生的事情，随时随地都在考验着父母教育的智慧！

小学三年级的小明在学校里面上课时因为不认真听课，被老师罚站。小明心里很难受，回家告诉了妈妈。如果你是小明的妈妈，你会怎么教育小明呢？

有的父母会这样教育："我觉得老师罚得好。作为学生，上课就该认真听讲。你整天就知道玩，在家里贪玩，到学校上课还贪玩，这下被老师逮个正着，就该好好地教育你一下！如果你再不好好改，老师会更不喜欢你，以后罚站的日子多着呢！"

这样的教育，相信在我们生活中不少见。父母说的听起来好像都是事实，但是就是这样的教育，残害了多少孩子，让本来可以爱学习的孩子失去了学习的兴趣，让本想得到父母关心的孩子心里没有了爱的感觉。父母不注意自己的语言，就在短短的几句话中，给孩子种下了贪玩的种子，让孩子认为老师不喜欢自己，让孩子和老师产生对立，让孩子感觉到父母不爱自己，让孩子对学习产生痛苦的反应。这些都是父母教育的"成果"！

如果父母遇到这样的情况可以这么说："儿子，我知道你现在有些难受，妈妈也和你一样。但是妈妈一直相信你是一个优秀的学生，我相信你的老师也这么认为。上次你们老师还表扬你来着，说你懂事，还很乐于助人。你们老师对你的期望很高，她一直觉得你是一个好学生。这次让你罚站，的确是你自己做得不好，犯了错误，让老师有些失望了。不过没有关系，谁不犯错呢？妈妈也会犯错呢！犯错就要勇于面对并且及时改正，你是小小男子汉，况且老师上课也很辛苦，是不是？你要不要多体谅老师呢？老师一定很爱你，妈妈也很爱你！"

同样的情况，如果父母这样教育，结果又会怎样呢？这样的教育，给孩子种下了爱的种子，让孩子充满了自信，深信父母和老师都是爱自己的，自己是优秀学生，还学会了体谅他人，面对并改正错误！

"微教育"，细微之处都是教育。同样的事情，不同的处理方法，就会带来截然不同的结果。表面上看是语言，实则是父母教育的思想。只有具备了教育的智慧，才能说出智慧的话！

教育常常在一点一滴之间，我们甚至都没有在意，但是日积月累，却会给孩子带来终生的影响！

有些父母太急功近利了，没有思考如何教出优秀的孩子，而是在自己的贪念上执着，表面上看是为了孩子好，可是往深了看，却是在满足自己没有实现的愿望和自己的虚荣心！有多少父母，真的把自己宝贵的人生理念传递给了孩子，用自己的智慧点亮孩子的人生呢？

有一次我问孩子们：“爸妈常对你说的有影响力的话是什么？”孩子们争着回答：“上课认真听讲。”“作业写好了吗？”“在学校有没有听话？”很遗憾，我希望看到父母能够把自己的智慧传递给孩子，多给孩子说一些“智慧的话”。

2015 年，我和同事一起带家长们去台湾旅游。正好快到父亲节了，雪花老师在车上拿着话筒说了她的故事，最后说道，父亲有一句话这么多年来一直深深地影响着她，这句话是“若贪小利必有大害”！她一直谨记这句话，指导自己的人生，也躲过了一些灾祸。当她看到身边的一些朋友参加集资最后血本无归的时候，当她看到有些人因偷盗被抓的时候，她觉得父亲的这句话让她一辈子受益！

父母的高度决定孩子的高度，可以说，所有的孩子的今天都是父母过去教育的成果。父母的高度指的是教育智慧的高度，也许有些父母富甲一方，有些父母位高权重，但是并不代表他们就一定拥有教育孩子的智慧！

父母学习是孩子的福气

人最大的悲哀是不知道自己不知道。当父母带着空杯心态学习的时候，孩子此生的运气就会变得好起来！

父母留给孩子最大的财富，不是金山银山，而是自我生活的能力、良好的心态和健康的身体！

父母再有钱，如果不能智慧地教育孩子，孩子终将把金钱消耗殆尽；父母再有权，如果不能智慧地教育孩子，孩子终将无法在官场立足。那么，父母如何提升自己的教育智慧呢？最有效的方法就是学习，有热爱学习的父母，将是孩子最大的福气！

我看到不少父母都在逼着孩子学习，除了学校日常的课业，周末还要上各种各样的辅导班，各类习题册也是漫天遍地。从侧面来说，父母们是知道学习的重要性的。遗憾的是，我们很少看到父母们认认真真地学习！有多少父母有着终生学习的观念呢？

我们都知道，如果要开车上路，要先考到驾照。考驾照要花钱，要花时间，但是这样才能安全。父母们是更爱车还是更爱自己的孩子呢？父母们肯定会说："这不是显而易见的吗？当然是更爱自己的孩子了！"可是，父母们在教育自己的孩子之前，学习过怎么教育孩子吗？有过教育孩子的资格证吗？很显然，答案是没有！所以，没有学习的父母，想怎么教孩子就怎么教孩子，把本来好好的孩子教得一塌糊涂，最后还把所有的责任都推到孩子的身上。每当有父母跑过来声色俱厉地抱怨孩子这不好那不好的时候，我都想说一句："可怜的是这个孩子，如果他的父母不是你，他不会是现在这个样子！"

所以父母们，无论你多没时间，无论你多没钱，请花点时间学习，投资一点点费用在自己的学习上。你的一个不经意的改变，也许就可以影响孩子的一生！

曾经有个家长，当时他的孩子上小学二年级。儿子在家里和妈妈打了起来，妈妈生气伤心，不明白这个孩子为什么脾气这么差，这么小居然和父母对打起来！她来找我诉苦，指责着她的孩子，自己声泪俱下。我安慰了她，同时问了问她家庭的情况，发现她自己的脾气也不好，也曾打骂孩子，而且家里面就这一棵独苗，长辈们又特别娇惯孩子，所以，孩子才会有这样的呈现！后来，我告诉妈妈，先要解决的不是孩子的问题，而是家长的问题，妈妈先开始学习，然后爸爸和整个家族都学习。很开心的是，妈妈首先开始了学习，继而带动了爸爸。当父母一起学习后，孩子的改变是明显的，现在孩子脾气好了很多，还能够帮妈妈一起做早饭，外出旅行的时候还能够自己收拾东西，对人彬彬有礼。这都归功于父母的学习，如果整个家族能够一起学习，那就会更好！

同时，学习一定要越早越好，最好早在还没有孩子的时候。做家庭教育讲座的时候，我常会调查孩子的年龄，往往表情最凝重的都是那些初中以上孩子的家长。随着讲座内容的深入，他们会发现自己在教育中竟然不知不觉犯下了这么多的错误：不知道0—3岁是孩子的感觉发展期，这时候要多带孩子到自然中去玩耍，这样孩子的智力能得到很大的提高；不知道4—6岁是孩子的语言敏感期，这时候对孩子的语言进行开发，将事半功倍；不知道在小学阶段，陪伴孩子特别重要，不应该这时候让孩子去住校……讲座结束后，很多家长面带悔色，念叨着："如果能够早些学习，孩子一定会比现在要好很多！"世界上没有后悔药，只能把未来的路走好。值得庆幸的是，这些父母走进了父母学习课堂，但仍然有很多的父母还没开始学习，还是天天在孩子身上找问题，而最大的问题恰恰是"不知道自己的问题在哪里"！

参加学习的父母，回去后有些继续学习，有些就不学习了。他们觉得学习没有用，不久还是恢复原样。的确，如果我们仅仅学习一次，很容易回到原来的起点；如果我们可以坚持不断地学习，那么一定会有巨大的改变！

曾经，有个小男孩跑过来拉着我的衣服说："Peter老师，你能让我爸来学习吗？每次他学习完，我日子都会好过几天！"孩子天真的话语很可爱。学习不是没有改变，只是只有持续的学习才能带来持续的改变！

在我身边，因为父母不断学习使家庭和谐、使子女越来越好的案例不胜枚举。如果你还没有加入学习的队伍，一定要快速行动了；如果你还没有孩子，已经开始学习了，那恭喜你，你将会少犯很多的错误。孩子的人生会因为你的智慧而更加美丽！

勤学如春起之苗，不见其增，日有所长；辍学如磨刀之石，不见其减，日有所亏！所以，学习的好处是日积月累不断呈现的，我们不能过于着急！

夫妻同修福上加福

夫妻的今生相遇本就是彼此的一场较量和修行，不是你改变我或者我改变你，而是我们一起改变，明白你不用改变我，我也不用改变你，但是我们可以幸福地在一起！

夫妻一方开始了学习，对孩子就是一种福气了；如果夫妻双方能够同修，将会是福上加福！

我和不少父母有过交流，发现一件很有意思的事情，就是夫妻双方在教育孩了的时候，观点大多不一致。丈夫觉得应该对孩子严厉，妻子觉得应该多多鼓励；丈夫觉得应该让孩子多吃点苦头，妻子觉得应该多带孩子长长见识；丈夫觉得顺其自然成长就好，妻子觉得规矩一定要从小就教……夫妻双方往往都坚持自己的观点并且否定对方的观点，常常为教育孩子的事情争吵不休。我遇到过几对这样的夫妻，甚至因为在教育孩子方面分歧太大，将家庭矛盾激化，最后选择了离婚。

夫妻双方的教育观点不一致，究竟是谁对谁错呢？依我看，谁也没有对，谁也没有错。因为教育本没有对错，只是一种选择！

我们先来发掘一下，为什么大多数夫妻的教育观点会不一致？

这得从谈恋爱的时候说起。大多数人，都不太喜欢自己的缺点，害羞的人就不喜欢别人害羞，粗心的人就不喜欢别人粗心，胆小的人就不喜欢别人胆小……找对象的时候，就很容易去找与自己互补的人，害羞的人喜欢找大方的人，粗心的人喜欢找细心的人，胆小的人喜欢找勇敢的人……因为互补，谈恋爱的时候欣赏的都是对方的优点，庆幸自己找到了这么好的一个人！

一阴一阳谓之道，结婚后，正面特点的反面就会出来：大方的人往往比较好面子，喜欢交朋友，不太顾家。细心的人往往做事情比较谨慎，注意细节，甚至有些吹毛求疵。勇敢的人往往比较仗义，脾气不好，爱吵架甚至打架！再加上，结婚后夫妻之间距离太近，熟悉的地方没有风景，相反，彼此缺点还被放大了！所以，如果没有通过学习，不能相互体谅，常常揪着对方的缺点不放，就会由此产生很多矛盾！

大多数人找的都是互补类型的伴侣，所以性格和教育观点就很容易发生冲突！那么，伴侣的性格和教育观点又是怎么来的呢？还记得我们前面说到的“原生家庭”吗？丈夫的性格和教育观点来自自己的父母，而妻子的也来自自己的父母！所以，大家找到原因了吗？

家庭教育的“战争”就此开始了，不光是夫妻双方的教育观点不一样，孩子的爷爷奶奶和外公外婆的教育观点也会不一样，因为他们也有着自己的原生家庭。教育就是这样，如果没有通过一起学习，形成共同的科学智慧的教育观点，这样的“战争”将持续不断！

遗憾的是，无论你拥有多少财富，地位如何显贵，对待身边的人往往都没招！

所以，夫妻双方乃至整个家族的人都需要一起学习。毫无疑问，大家的目标都是一致的，都是为了孩子幸福，一家人如果可以一起学习，通过课堂上的学习，通过老师的讲解，慢慢能够达成一致的教育观点，这样，教育中的矛盾就少了，孩子也会因此而“福上加福”！

无论你是孩子的爷爷奶奶、外公外婆，还是爸爸妈妈，如果你真的爱孩子，请放下自己的固执，放下自己已有的观念，静心地走进课堂，带着空杯的心态好好学习，给自己一份成长，给孩子一个更加灿烂的明天！

原来我们已经拥有了很多

一个人的幸福在于总能看到自己得到的和拥有的，而一个人的不幸在于总是看到自己失去的和没有的！

教育中的很多悲剧，都来源于父母的过度期待。当一个人没有实现期待，就会失望，难过，甚至发火；当父母对孩子的期待太多的时候，同样的情绪也会出来。

可是人总是这样，明明知道如此，却很难让自己不去想！

父母们可还记得，刚怀上孩子的时候，你唯一的期待是什么呢？我相信你一定记得，就是希望孩子健康，只要健康，别的什么都不在乎。幸运的是，绝大多数的孩子生下来都非常健康，你的孩子就是其中的一个！

可是不知道为何，随着孩子慢慢长大，父母们开始要得更多：希望孩子能够比别人优秀，希望孩子能够取得好的成绩，希望孩子能够出人头地，希望孩子能够学习艺术，希望孩子无所不能……

当父母带着太多期待的时候，会把很多的希望寄托在孩子的身上，甚至有父母对孩子说："你是我活着的唯一理由，如果你考不上大学，如果你没有出息，我活着还有什么意义呢？"我们有没有站在孩子的角度想过，如果你是孩子，你感受到的是什么？是父母的爱，还是无休止的压力？

现在不少孩子有抑郁的倾向，究其原因，很多与父母给的压力太大相关！有的父母说："我们不还是为了孩子好？"的确，父母都是为了孩子好，但是如果违背了科学，违背了规律，往往会事与愿违！

带着太多期待，甚至有些完美倾向的父母，是看不到孩子的优点、看不到孩子的不容易的。当孩子怎么做都无法满足父母的期待时，就会失望，甚至自暴自弃！

所以，父母们少一些期待，多一些关心和呵护，只要给足了雨水和阳光，你的孩子一定会自然生长的。自然是最厉害的力量！

有个朋友和我说到她的孩子的时候，满脸的烦躁。她的孩子上初三了，每天回来都不着急写作业，总是要先看

会儿电视。她看着就特别烦，觉得孩子咋这样，然后就开始教育孩子。孩子到了青春期，也不愿意多听，总是没说两句就吵了起来，她自己特别烦恼。

我宽慰着她，聊着聊着，她说起孩子小时候的事情，孩子在三年级的时候，生了一场大病，经过好久的诊治都不见效果，医生也束手无策，只能听天由命。待在重症监护室外面的她，看着自己的孩子，眼泪唰唰地流。她说那个时候即便让她付出所有的代价来挽救孩子的生命，她都愿意。她没日没夜守在重症监护室外面，她只有一个心愿，就是希望自己的孩子能够活过来！也许是妈妈的爱感动了上天，孩子的病情奇迹般地好转了，最后康复出院！

听完她的叙述，我问她："你觉得是现在孩子有些贪玩更让你痛苦，还是当初就失去孩子更让你痛苦？"她说："当然是当初就失去孩子更让我痛苦！"我说："当初你的期待只有孩子健康，如你所愿，孩子健康了。可是现在你又要更多的东西，一旦得不到，你就会唠叨、埋怨、指责。人不能太贪的，要接受当下的一切，你现在拥有的已经远远超过你想要的了。"

朋友似乎听懂了我的话，说着："是的，我已经很好了，我的孩子也已经很好了，我该知足了。"此后，她怎么看孩子怎么顺眼。当她对孩子的态度转变后，孩子也开始转变了，学习成绩自然上升了！

如果我们期待少一些，多带着耐心、包容、欣赏和自己的孩子在一起，符合自然规律，也许我们收获的会远远超出我们的想象！

人之所以不开心，是因为总是在意自己没有得到的和失去了的，却不在意自己已经得到的和拥有的！好好珍惜当下吧，我们已经拥有了很多的美好！

分秒觉察，时时修行

修行不是一件容易的事情，太着急的人往往无法修行，因为几乎还没有开始就希望得到。急功近利的修行往往是徒劳，只有脚踏实地，分秒觉察，才是真修行！

人生是一场修行，修炼自己的心性，修炼自己的情绪，修炼自己的智慧。教育与人生一样，也是一场修行！那么我们究竟该在什么时候、什么地方修行呢？

因为教育无处不在，无时不在，所以修行也须分秒修行，时刻精进。

那么，修行中，谁是我们的老师呢？前文也提到过，人人都是我们的老师！在这些老师中，有一个老师是最重要的，那就是“自己”。因为只有自己想改变，一切才会改变；因为只有自己和自己 24 小时在一起；因为只有自己才能时刻觉察到自己的起心动念！

如何分秒修行，时刻精进呢?

第一步，也是最关键的一步，就是“觉察”。觉察分很多层次，拿发脾气打个比方：

第一层次：有些父母对孩子狠狠地发火，发完火后还觉得是理所应当的，这就丝毫没有觉察，是最差的层次。

第二层次，有些父母对孩子发了火之后，开始后悔，觉得刚才不应该那样，这是较差的觉察。

第三层次，有些父母在发火的同时，意识到发脾气的教育对孩子不好，终止了发火，这是中等的觉察。

第四层次，有些父母在即将发火的时候，觉察到这样的情绪对孩子的教育只会造成伤害，控制住了自己的行为，这是较好的觉察。

第五层次，接纳孩子的全部，没有火需要发了！

那么，觉察的标准是什么呢？——就是我们希望孩子如何去做！

当我们外出就餐的时候，如果因为人多，服务员上餐慢了，刚要发火的时候，立刻觉察，控制自己的情绪，这就是修炼，收获了宽容；

当我们在工作上遇到困难，想要放弃的时候，立刻觉察，再困难的事情也可以一点一点解决，这就是修炼，收获了坚强；

当我们看到有可怜的人需要帮助的时候，立刻觉察，在自己能力范围之内给予帮助，这就是修炼，收获了慈悲；

当我们为付出没有得到回报而愤愤不平的时候，立刻觉察，不要太在意得到，只要无私付出就好，这就是修炼，收获了平和；

当我们纠结于琐碎的细节而烦恼不已的时候，立刻觉察，不要捡了芝麻丢了西瓜，这就是修炼，收获了格局；

当我们发现有些人比我们过得好而羡慕嫉妒恨的时候，立刻觉察，不要去和他人比较，而要享受自己的人生，这就是修炼，收获了欣赏自己；

当我们发现孩子没有我们想象的做得好，刚要指责孩子的时候，立刻觉察，孩子的成长总有个过程，这就是修炼，收获了接纳孩子！

当父母在分秒觉察、时刻精进的修行中，收获了宽容、坚强、慈悲、平和、格局、欣赏自己、接纳孩子的时候，父母自己的人生会不会更加幸福一些呢？答案是毫无疑问的！同样，孩子也会因为父母的幸福而更加幸福！

人生是一场修行，而修行并非易事，为了能够和孩子一同达到金字塔尖，这样的艰难必须经历。人生的很多智慧需要经过历练方能获得！

有这样一个故事：山上有块大石头被劈成了两半，一块做成了门槛，一块变成了佛像。门槛愤愤不平地对佛像说：“为什么同是石头，我是门槛，被人千踏万踏，而你是佛像，被人们奉若神明呢？”佛像平静地说：“你只看到我现在的样子。当初，你只被切了六刀，而我却经历了千锤万凿，忍受过剧痛和锤炼。”

不要总是羡慕别人的成功，而不去了解成功背后的根本原因。当然，我们也完全可以把修行当作一种乐趣，带着平和且喜悦的心态，分秒觉察，时刻修行，走好当下的每一刻，美好的未来就在那，美好的当下就在这！

第四辑

设计人生理念

你想过自己孩子 30 岁是什么样吗？

我们经常在日复一日的生活中迷失了自己，因为我们根本就不知道自己要去向哪里，便随波逐流，东飘西荡。如果我们都不知道应该将孩子带向哪里，我们的教育也只是随波逐流、东飘西荡罢了！

有一次，我给家长们做讲座时问道：“你想过自己孩子 20 岁，乃至 30 岁的时候是什么样子吗？”我看到台下的父母很多一脸茫然，因为大多数父母都没有想过这个问题，只是每天过着每天的日子，随着当天的心情教育着自己的孩子。

如果一个老师要备课，首先要写的是什么？是教学目标，就是这节课要达到怎样的结果，然后围绕教学目标开展教学，而不是毫无章法地想到哪里教到哪里。家长很少会在教育孩子的时候提前备课，常常是想到哪里教到哪里！

盖一栋大楼的时候，首先要做的是什么？是设计大楼的图纸，而不是拿着砖瓦直接去盖楼。如果没有整体的设计，根本就造不出坚固的大楼！可是家长们往往心中没有孩子人生设计图，没有给孩子做人生的整体规划，在毫无规划的琐碎细节中教育着孩子。

回到刚才的问题：你想过自己的孩子20岁，乃至30岁的时候是什么样子吗？有些父母从茫然中走了出来，后来有位妈妈回答道："我希望我的孩子是阳光的、健康的、有爱心的、能够自食其力的！"这是一个很不错的答案，我相信这也是很多父母的愿望！

我又问这个妈妈："请问你现在给孩子的教育和这个结果之间有关系吗？"妈妈顿时不知道怎么回答。

我问了现场家长们一个问题，请他们举手表决："你觉得孩子是语文好、数学好、英语好、化学好，还是懂得感恩、负责任、心态阳光、不怕失败、懂得吃亏是福，未来能够在社会上有更好的发展呢？"同意第一个的举左手，同意第二个的举右手，家长们纷纷把右手举了起来。

我又问道："大家都知道是右手能有更好的发展，可是我们在哪只手上花的时间更多呢？"家长们笑了起来，因为他们发现原来大部分的精力都花在了左手上。微信群聊时、家长见面时，谈论的都是成绩，孩子排名提升了几名便全家欢喜，孩子的成绩退步了一些就惴惴不安。家长为何会如此呢？究其原因，是大多数的家长进入了教育的一个细节——当下的成绩好坏，当下的患得患失，而不能够高瞻远瞩，不明白所有的教育都是为孩子未来的人生服务的。

如果我们能够像盖房子一样，设计一张图，画出我们孩子30岁时的样子，就像讲座中那位妈妈描绘的那样，孩子积极阳光、身体健康、充满爱心、能够自食其力，那么在30岁之前的这段时间，我们就很清晰地知道，作为父母，为了达成这个结果，我们应该做些什么。

如果希望孩子积极阳光，首先家长也要积极阳光。在生活中遇到困难的时候，不是在孩子面前抱怨社会的不公和人心的险恶，而是看到积极阳光的一面，告诉孩子，人生虽然不会一帆风顺，但是所有的浪花都是风景。

如果希望孩子身体健康，家长就不会为了成绩的提高让孩子熬夜，把身体作为成绩的代价。家长就会经常带着孩子去参加户外运动，去爬爬山，游游泳，而不是总让孩子在室内待着。

如果希望孩子充满爱心，家长就不会让孩子对乞讨者视而不见，就会带着孩子去参加公益活动，帮助那些需要帮助的人，鼓励孩子把省下来的零用钱捐给遇到灾难的人。

如果希望孩子自食其力，家长就会明白有些风雨，孩子该经历的总要经历，因为温室里的花朵无法很好地存活。家长就会大胆放手让孩子自己去处理一些事情，而不是以爱的名义扫平孩子人生成长中的所有绊脚石。

如果我们真的能够想象出孩子 30 岁的样子，那么就从当下开始，为那个蓝图积累资本，一点一滴都围绕着想要的那个成果去教育。找到了那个“中心”，家长们会发现，当我们心中有设计图的时候，我们就能更加清晰地知道怎么去教育，知道什么该做什么不该做，在什么事情上花时间，不在什么事情上花时间！

家长们，找出一张纸，描绘出你的孩子 30 岁时的样子，然后写下你要如何去教育，才能让孩子成为那个样子。相信你一定能找到答案！

“想”是一切行为的开始

我们以为是外在的一切决定我们的行为，可是当我们内观的时候，发现原来心才是一切的起源，念头才是行为的开始。如果我们不想，没有人可以真的强迫我们；如果我们真的想，没有什么可以阻挡我们！

我曾经问孩子们：“如果我们要去美国，要做的第一件事情是什么？”孩子们的答案五花八门，有的喊：“要办护照！”有的喊：“要学好英语！”更有甚者喊：“要跟我妈拿钱！”我不断地摇着头，告诉孩子们，你们说的都不是我想的那个答案。孩子们很期待地等着我给他们的答案，在他们期盼的眼神中，我写下了一个字：想！

我告诉孩子们，去美国的第一步是想去美国！只有当你真正想去做的时候，那个结果才会离你越来越近。如果你真心想做，无论多难，你都不会放弃；如果你不想做，无论谁来劝你，都是徒劳！

我有个朋友，叫梁晨，是“希望之星”2005年的高中组亚军。因为她想去美国留学，所以她不断地学习英语，不断地参加各种各样的竞赛活动。最后，她被美国康奈尔大学录取了，并且获得了约220万元人民币的奖学金。

我还有一个朋友，叫吴晶，她从小双目失明。但是她很自强，从小就和周围的人说：“我要去美国念书。”周围的人都嘲笑她，但她是真的想，很想很想。虽然双目失明，但是她从没有放弃。她学习长笛演奏，还参加了残疾人亚运会并获得了短跑冠军。当她高三从南京外国语学校毕业的时候，包括哈佛大学在内的6所美国名校给她发来了录取通知书！

只要我们真的“想”，并且付出行动，我们就能得到。有行动的想叫作“梦想”，没有行动的想叫作“空想”。

我和学生们说：“未来的世界是你们的，未来的生活也是你们的。如果你们期待着未来可以到世界去看看，期待着未来过上美好的生活，那就大胆地想，并且付诸行动！”

孩子们在我的鼓励下，似乎获得了很大的力量，对未来充满了期待。作为一个老师，我觉得教育不是给车装货，而应该是给车加油。激发孩子的梦想，至关重要！

很多父母都头疼孩子的成绩，然后想尽办法给孩子找最好的老师，花再多的学费也不心疼。可是，父母们不知道这些往往都是无用功，如果他们没有解决孩子想不想学习的问题，所有的方法都是无效的，反而还会让孩子更加讨厌学习！

有的父母为了让孩子学习好，甚至和孩子谈条件："只要你好好学习，我们什么都不要你干。"孩子听后回了一句："只要你们不让我学习，我什么都愿意干。"这样的谈判下，孩子能把学习搞好，那也是一个奇迹。父母不知不觉把学习变成了筹码和辛苦的东西，让孩子来承受，孩子怎么能学习好呢？

我有个朋友，现在是一个优秀的女企业家。她家在内蒙古，家里很穷，姐妹也多，妈妈就没让她上学。可她看着附近的孩子都去上学，特别渴望。家里不让她上学，她就趴在教室外面听课。因为"想"上学，她后来和妈妈谈

条件说："只要你让我上学，我什么都愿意干。"她的妈妈拗不过答应了。她的成绩一直名列前茅，为什么？因为她发自内心地"想"学。

我们有没有这样的经历：谈恋爱的时候，如果真的很喜欢一个人，不用人教，就能想出各种各样的方法让对方开心。

不少企业也邀请我给团队做培训，我做的都是思想培训，解决团队的思想问题。因为我一直认为，如果一个人想工作了，才能够把工作干好；如果只是技能层面的培训，缺乏思想层面的培训，往往都是徒劳，因为很难让一个不想干的人干好！

只有家长想改变自己的教育方法了，想参加家长学习了，才能真的有所成长，因为任何人都无法改变一个自己不想改变的人！

陪孩子一起找到人生的梦想并坚决相信

如果我们知道要去往哪座山，我们便知晓了方向。知晓方向的那一刻我们便少了很多的纠结、犹豫和原地踏步。哪怕我们走得慢一点，我们也知道要去哪里，无论我们最终是否到达，我们都会收获一路的风景和一路的修行。我们不相信孩子的时候，孩子感受不到来自父母的力量，所有的敷衍孩子能够感觉到。只有真诚面对自己的内心，让自己的内心真诚地面对孩子的时候，力量才会到来。

家长首先要帮助孩子找到自己的梦想。

一个心中有了目的地的人，不管怎么走，哪怕绕着世界走了一大圈，最终还是能够到达他想要去的地方。

一个心中有了梦想的人，不管遇到什么困难，哪怕困难压得他喘不过气来，最终他还是能够成就一番事业。

我们的孩子拥有自己的梦想吗?

有次出国游学，我带孩子们去哈佛大学参观，当地的一个华人学生接待了我们，在游览哈佛大学的时候，这个华人哈佛学子给孩子们介绍了哈佛的历史和很多的趣闻，同时哈佛大学美丽的校园也深深吸引了孩子们。建筑物中有的已有几百年历史，柔美深沉；有的刚刚建好，科技感十足。孩子们与这个华人学生交流，了解到他能够上哈佛大学，并不是因为他的成绩在学校是最好的，而是因为他有一个特长。他从小就很喜欢玩机器人，后来还自己造机器人，还举办了不少的活动，就因为这个特长和长久以来的表现，他才被哈佛大学录取。

这个学生一天的讲解，揭开了哈佛大学的神秘面纱，这样零距离接触，也让孩子们感受到了哈佛大学的魅力。当晚，不少孩子都写出了自己对未来的憧憬，也希望自己通过努力能够上哈佛大学！更有一个孩子参观完后说了这样一句话："我觉得上哈佛大学也不是件很难的事情。"听到这句话，我特别欣慰。我们不要把梦想想得那么高不可攀，困难重重。每个人的潜能都是巨大的，我们的能量远远超出我们自己的想象！

多带孩子去走走，虽然不一定每个人都有机会出国游学，但是，当我们明白给孩子建立梦想的重要性，并且开始带着孩子建立梦想的时候，自然就有方法了！

如果父母希望孩子未来考上一所好的大学，与其天天对孩子念叨上大学的重要性，不如带着孩子去心仪的大学看看，看看北京大学的未名湖，看看清华大学的近春园，看看厦门大学夕阳下的海滩……让孩子亲身感受大学的人文气息。

如果父母希望孩子未来能够成为一名优秀的企业家，与其不断和孩子说要挣很多的钱，不如带着孩子去拜访几个企业家，了解如何成为一名企业家，并且参观参观企业，坐在企业家的办公室找找感觉。

当然，这些都是父母的期望，我更想看到的是，孩子在父母的引导下建立自己的梦想！

孩子们并不缺乏梦想。在我的情商课堂上，有个环节是请孩子们画出自己的梦想。孩子们的想象力超出我们的想象：有的孩子想当宇航员飞向太空，有的孩子想当老师教书育人，有的孩子想当企业家创造财富，有的孩子想当总统改变世界，还有的孩子想当厨师，希望烧出美味的菜肴！

无论孩子说出什么梦想，只要是积极正面的，都不要去否定他，因为孩子的梦想也会根据情况变化。有了梦想后，孩子收获的动力和品格将会陪伴着孩子一生。家长不要执着于梦想本身，而要了解每个梦想都可以带来品格的修炼！

当然，也有的孩子不着边际。有一次，有个孩子说自己的梦想是当一名乞丐。这样的学生其实特别有个性，富有创意，我很欣赏。我没有教训他一番，而是带他体验了一番。我对他说："如果你想成为乞丐，那你先要了解乞丐的生活。"我告诉他乞丐穿的衣服要破破烂烂的，不能这么干净，要把自己搞得脏一些；要饭的时候要在烈日下或者风雨中，这样同情的人会多一些；还有就是得忍受大家蔑视的眼神……体验之后，他说，他不想做乞丐了！后来才了解到，他的意思是想成为像《射雕英雄传》里面的丐帮帮主洪七公那样的人！原来这个孩子的梦想是成为一个帮助别人的英雄，有志气！

如果家长帮助孩子找到了梦想，就相信孩子的梦想，这样教育就简单了！

给家长做讲座的时候，我常问："如果你的孩子的梦想是成为行业领袖，你会怎么看？"很多家长都笑了起来，从这些笑声中，我感觉到，很多家长都不相信孩子能够成为行业领袖。

我问家长们："60年以后的行业领袖，现在是不是孩子呢？"家长们回答："是的。""那我们怎么知道那个行业领袖不是我们的孩子呢？"

做老师这么多年了，每个孩子我都不敢得罪，因为我觉得他们每个人都有可能成为行业领袖。

如果家长可以相信自己的孩子，种下"你就是行业领袖"的种子，那么教育就变得简单了！

如果孩子有了成为行业领袖的梦想，你就可以用行业领袖的标准要求孩子了！

如果孩子吃饭慢了，你告诉孩子："你是行业领袖哈，行业领袖吃饭都是快快的。"

如果你的孩子乱发脾气，你就告诉孩子："你是行业领袖哈，行业领袖都是脾气很好的。"

如果你的孩子不努力学习，你就告诉孩子："你是行业领袖哈，行业领袖都是特别爱学习的！"

当一个孩子有了梦想，就会有了标准。不是刚开始就给孩子制定这样或者那样的标准，而是陪伴孩子，找到那个梦想，标准自然就出现了！

父母对待孩子的梦想，要相信、相信再相信！不要怀疑，因为孩子会成为你心里认为的那样！

曾经有个深圳的妈妈，也是我的好朋友，我们一起带孩子们去英国游学。当时她和她的孩子住在英国当地人家里，妈妈不会英语，都是孩子和住家沟通。因为孩子的英语沟通不畅，产生了一些误会，妈妈便不断地指责孩子。妈妈的指责让孩子濒临崩溃，孩子最后哭着说："妈，你就别说我了！"

我站在旁边，看着妈妈，告诉她："孩子会成为你认为的那样！"我告诉她："如果你真的希望拥有一个优秀的孩子，此刻你就要打心底相信你的孩子是非常优秀的。如果你希望孩子英语好，你就相信他的英语好；如果你希望孩子成为一名优秀的企业家，你就相信他是一名优秀的企业家！"

妈妈相信了这句话，后来，她不像过去那样总说孩子的问题，而是说孩子各种各样的好。我很欣慰，因为看到孩子优点的妈妈才真的相信孩子的梦想是可以实现的。她问她儿子的梦想是什么，儿子说是成为一个500强的企业家！妈妈从骨子里相信孩子的这个梦想，没有嘲笑，有的是鼓励；没有怀疑，有的是相信。现在这个孩子越来越好，我也相信这个孩子未来会是一名500强的企业家，因为他具备企业家所有的优秀特质。他的名字叫齐思博，他的妈妈叫徐超飞，正是一名500强企业的创始人。

教育孩子之前父母要备课

如果我们想一想，再去教育，效果会好很多，代价也会少很多。三思而后行，三思而后教！

如果你遇到一位老师，上课之前不备课，你觉得老师能把课上好吗？

如果你遇到一名医生，动手术之前没有手术方案，你觉得这台手术能够成功吗？

如果你给上级领导汇报工作，没有任何准备，想什么说什么，你觉得领导会满意吗？

同样，作为家长，在教育孩子之前，或者在与孩子沟通之前，我们要不要“备课”呢？这儿的“备课”是说想想我们怎么说才有效，怎样才能达到更好的教育效果。

备课的方法就是“换位思考”，站在孩子的角度想想这样的教育有没有效果。如果没有好的效果，宁愿等等，想好了再教育。

有的孩子考试回来了，拿着卷子找父母签字。父母一看到那个成绩，火就立刻冒了上来，完全不看卷子，对着孩子就骂道："你看你，就这个成绩，我们天天辛苦送你上学放学，你呢，就知道玩，考出这样一个成绩！你看看你大姨家的孩子，一点都不用大人操心，每次考试都是全班前几名。同样上六年级，怎么你就差人家那么多呢？"说完，就把卷子扔一边！

如果父母能够平和一下情绪，换位思考，想想，孩子也想把成绩考好，没有考好还得让父母签字已经很恐惧了。按照上

面父母的言行，那不是教育，而是在发泄情绪，没有任何正面教育效果，只会更糟，让孩子更加不爱学习！

这时候父母要备课了，运用“换位思考”“孩子会成为你认为的那样”“接纳孩子的一切”这些理念来指导自己的教育，换个说法：“宝贝，你这次考得不太理想，这不是你的水平，你的水平远比这个高多了！是不是最近心情不好？可以和爸爸（妈妈）说说！”然后认真地看着卷子，说：“你看这道题，你肯定是会做的，肯定是粗心了吧？还有这道题，对你完全是小菜一碟，但是你做错了。不过失误很正常，这次没有考好，咱们下次继续努力！你不用过多地和别人比较，只要一次比一次好就行，爸爸（妈妈）相信你！”如果父母换成这样的教育，结果又会是如何呢？

父母们在教育孩子之前，要给自己几分钟的时间思考，哪怕是一分钟的时间，想想怎么教育孩子更加有效。相信这仅有的一分钟时间，只要父母们做好了，教育效果将会有极大的改善！孩子的人生,会在这样一次又一次的精心设计的“教案”中，变得更加精彩！

建立正确的价值观

价值观告诉我们什么可以做，什么不可以做。正确的价值观指引出正确的行为，错误的价值观往往会带来恶劣的后果。价值观在人的一生中发挥着极其重要的作用，父母的价值观影响孩子的价值观。

随着经济条件越来越好，现在很多家长都想把孩子送到国外去上学，认为外国的教育更先进。在此，我特别要提醒家长，在孩子出国留学之前，一定要给孩子的价值观建立扎实的基础。

有人觉得，价值观这么重要吗？非常重要，可以说我们所有的行为选择和判断都取决于我们的价值观！当父母和孩子冲突的时候，看上去是行为层面的冲突，实则是价值观的冲突。一个信奉“士可杀不可辱”价值观的人和一个信奉“忍辱是一个人最大的修养”的人，在遇到羞辱的时候，行为一定不一样。

作为中国人，很好的价值观存在于我们5000年的文明中，存在于我们的国学经典中，也存在于我们的血肉中。对我们影响最大的价值观当属“儒教”，“儒教”讲求“仁和礼”，“仁”教导我们要有爱，“礼”告诉我们要遵守秩序。仁义礼智信孝悌忠，这些是中国人基本的价值观。很遗憾的是，我们没有能够很好地传承这些优秀的传统价值观。

那如何建立孩子的价值观呢？父母首先要建立自己的价值观，因为父母的价值观会通过一言一行、一举一动传递给孩子。

如果父母对财富太在意，便会给孩子传递金钱至上的价值观；

如果父母对自己的事情太在意，就会传递自私的价值观；

如果父母经常帮助别人，就会传递助人为乐的价值观……

父母需要透过自己的行为和言语将正确的价值观传递给孩子！

在爱尔兰游学，我们参观圣三一学院，发现那儿有一个图书馆，很古老，很值得去看，也是系列电影《哈利·波特》的拍摄地之一。我就请孩子们买票去参观，其中有几个孩子听说要花钱，就不愿意进去了。我就金钱的意义和孩子们做了分享，孩子们似乎明白了一些，后来有个孩子在日记中这样写道：“用钱之道，付出之道。我有时候发现我用钱很小气，不是先看商品而是先看价钱。今天 Peter

说要让我们买票进博物馆，有些人就说不想进去了。其实钱本身无用，用在对的地方才有价值。俗话说会用钱的人才会赚钱，把钱用于孝顺父母，和朋友分享，帮助他人改善生活，让自己的生活更加丰富多彩，体会钱给我们带来的欣悦，然后努力赚钱享受生活。Fighting，未来的我！”

看到孩子这样写的时候，我很欣慰，因为我知道他对金钱有了自己的价值观！

帮助孩子建立正确的价值观，除了要多读圣贤经典以外，更重要的是父母要践行这些中华传统文化中优秀的价值观，然后通过自己的言传身教将其植入孩子的内在。

价值观没有对错，都是我们的选择，但是当我们给孩子奠定了好的价值观基础，孩子才会有好的观念，继而有好的行为，才能有好的人生结果！

教育的三个中心：道中心、梦想中心和阶段中心

梦想中心像一个灯塔，指明了我们要前行的方向；阶段中心像一个个里程碑，带着我们不断前行；当我们追逐着梦想，实现一个个阶段目标的时候，我们发现最让我们欣喜的不是一个个目标的实现，而是自我的圆满，这就是道中心！

如何设计好自己的人生呢？我的恩师胡大平老师说过一个理论，叫作“三个中心”：道中心、梦想中心和阶段中心。

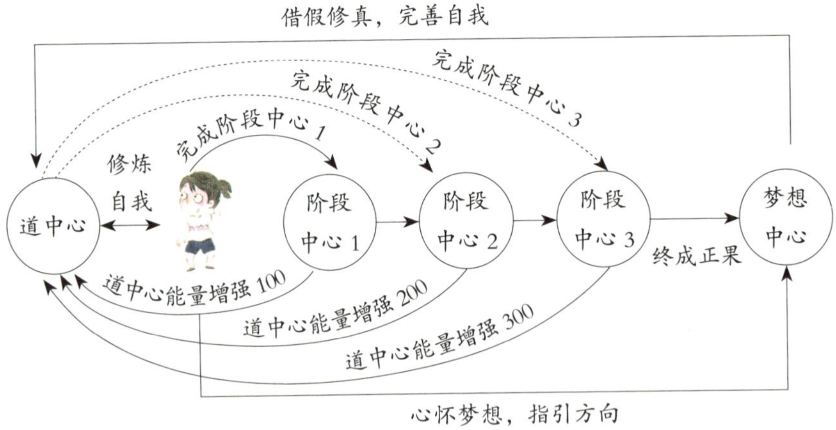

道中心就是自己本身，一个人拥有的能力、品行、健康、心态等。

梦想中心就是我们前面说到的自己的梦想，比如成为一名优秀的企业家等。

阶段中心就是分阶段去实现这个梦想，每个阶段都会有每个阶段的目标，这就是阶段中心。

三个中心之间是什么关系呢?

首先，要给孩子建立梦想中心，比如孩子的梦想是成为世界级的企业家，父母要相信并且认同孩子的这个梦想。一个人一旦有了梦想，就会产生标准和行为，想成为世界级的企业家，就不会用一个做小买卖的标准来要求自己!

可是这样的梦想是很遥远的，是需要分阶段实现的。为了实现这样的梦想，我们该如何设计阶段性目标呢？我们是不是未来要去世界级的大学读管理学？为了能去世界级的大学，我们是不是要上个好些的国内大学？要上好点的国内大学，我们是不是需要上一个好一些的国内高中？除了学习成绩，我们是不是应该每天坚持锻炼身体？是不是要多关心国内国际的新闻？……

把一个梦想分解成阶段性的目标，就变得更加清晰和落地。就在追逐梦想，实现每一个阶段目标的时候，最关键的“道中心”得到了提升。梦想有千万种，但是道的规律却是相通的。孩子们学会了吃苦、吃亏、忍辱，学会了与人相处，学会了勤奋和努力，学会了包容和谦卑，学会了坚韧和奋斗，这些“道”才是最重要的东西。当具有“道”的时候，梦想已经不重要了，因为所有的梦想只是一个假象，是用来“借假修真”的，这个“真”就是“道”，就是我们自己！

孩子的人生也是一场修行，怀揣着梦想，脚踏实地走好每一个阶段，最终收获一个觉悟的自己！

第五辑

生命的连接

你把孩子当作孩子了吗?

有时候，我们不要把孩子当作孩子，对孩子平等与尊重；有时候我们要把孩子当作孩子，明白成长的过程有规律，不要用成人的标准要求孩子。

请不要把孩子当作孩子

因为年龄的差距，家长很容易站在成年人的角度看孩子，认为孩子这不懂那不懂的。如果家长有这样的观点，就很容易把自己摆得高高在上，就会指责、指使孩子，孩子就会缺少一种被尊重、被信任的感觉，就会感觉受到了压制。

我们将回忆拉回到自己小学的时候，你当时觉得自己是个孩子吗？我记得我读小学三年级的时候，我家隔壁的邻居哥哥读小学六年级。我觉得大哥哥懂得好多好多，而就算是三年级的我，懂得也不少，我可没有把自己当作小孩子！

家长把孩子当作孩子，很多方面都不会太在意。有些家长聊天的时候，全然不顾孩子在场，经常聊些负面的话题。而教育是输入和输出，这些话题都会进入孩子的内在。你如果突然听到孩子说了句粗话，也别过于诧异，因为只有他听到了粗话，才能说出粗话！

家长把孩子当作孩子，有些事情根本就不和孩子商量，全然做主。孩子明明想吃梨子，家长觉得不好，一点不商量，就给了根香蕉；孩子想去游乐场玩，家长觉得没有品位，就带着孩子去逛博物馆……当孩子的想法一直得不到家长的尊重和支持的时候，他的内心就会产生自卑，而很多自卑表现出来的恰恰是自负。有些孩子因为从小没有被尊重，一直被压抑，终有一天他要用自己的行动来告诉父母，自己有选择的权利。这些行动往往在青春期就会出现，父母说话孩子不听，和父母顶着干，背后实则是“权力之争”。

家长把孩子当作孩子，就喜欢指责和控制。有些家长认为孩子很小的时候根本就不懂事，从来不和孩子商量事情，孩子不听话就打，反正孩子长大了也不记得小时候的事情。的确，孩子不会记得小时候的事情，但是孩子的内在一定存有小时候的能量。所以，家长们，哪怕是0—3岁的孩子，也要平等对待，不要把孩子当作孩子！

家长把孩子当作孩子，有些家长就会很操心孩子的事情，认为孩子都没有自我管理的能力，孩子的很多事情都喜欢包办，包办孩子吃饭、穿衣、上学，甚至做作业……就在这个过程中，孩子自我提升的能力受到了影响。

当家长不把孩子当作孩子的时候，就能够和孩子平等相处，能够低下身来，和孩子平视，倾听孩子的心声！

请把孩子当作孩子

很多该把孩子当作孩子的时候，家长却又不把孩子当作孩子！

很多家长违背了教育的规律，过度地让孩子做不该孩子年龄做的事情，比如：希望孩子在0—3岁阶段就开始学习数数，甚至学会乘法口诀；希望孩子从小就能够懂人世间的悲情冷暖和尔虞我诈；希望孩子能够一次性把事情做到位，别让父母操心；希望孩子不犯错，在学校不惹麻烦，考试能够每次都考好！

家长们有没有想过，如果我们用这么高的标准去要求孩子，是不是有些难为了孩子？

有一次，我看到一个3岁的孩子，妈妈让他去洗一件T恤。孩子很认真地洗着，打着肥皂搓着。当他拿着洗好的衣服，开心地给妈妈看的时候，妈妈没有表扬孩子，而是指着衣服的一个地方说："你看，这儿没有洗干净！衣

服不是这么洗的，站在边上，看妈妈怎么洗！”我看着孩子的表情从期待、欢喜变成了失望、落寞，我对这个妈妈说：“孩子毕竟是孩子，我们不能期望他一次性就把事情做好，不能以成人的标准去要求一个孩子。你刚才用你的标准要求孩子的时候，孩子的内心已经被打击了。如果你刚才在孩子第一次洗完一件衣服后，不是挑毛病，而是鼓励他，你会发现孩子以后一定会洗得越来越好。成长是需要过程的，不是一次性到位的！”

不少家长，就是在这样一次次地用成人标准要求孩子中，伤害到了自己的孩子！

还有一次，一个4岁小男孩，在一条小水沟旁玩耍，津津有味地看着水里面的世界。这时候他爸爸跑来了，大声说："回家去，一条臭水沟，有什么好看的！"不顾孩子玩得开心，就拉着孩子回家了！这个父亲并不知道，他看到的水沟和孩子看到的水沟是不一样的世界。他眼中只有一条臭水沟，但是孩子眼中却是一个五彩斑斓的世界。这个时候是孩子的想象力充分发挥的年龄，可爸爸却不知不觉就破坏了孩子的想象力！

如果孩子想去游乐场玩，就陪着孩子去，而不一定带着他去园林参观；如果孩子想和同学打水仗，就不一定让孩子坐那不动；如果孩子想去看电影，就不要逼着孩子总是去读书；如果孩子想读连环画，就不要只让孩子看四大名著……

当家长们用自己的标准要求孩子的时候，殊不知，这样的培养已经不够自然了。让孩子在合适的年龄做合适的事情，才能顺其自然地成就孩子！

别把孩子当作孩子，平等对待，充分尊重和相信；请把孩子当作孩子，顺其自然地教育，给孩子这个年龄该有的东西！

眼神、肢体动作、表情的连接

眼神、肢体动作和表情都是我们内在世界的外在投射，看上去是这些的连接，实则是心的连接。当然，有的时候，一定要透过外在的行为表现出来，让对方可以感受得到。

很多时候，家长觉得教育就是给孩子讲道理，有时候孩子会和我说："我爸妈就会给我讲那些大道理，但是我根本感觉不到他们爱我！"

道理是无法将人与人连接在一起的，爱却可以让彼此相互连接！

眼神和肢体动作，往往是一个人内心世界的外在呈现。当我们与人交流的时候，如果想了解他，听他说话的内容是一方面，更重要的是去觉察他的动作和眼神。语言可以是谎言，而眼神和动作往往都会透露出内心所想。

由此可见，连接需要通过眼神、肢体动作和表情。在现实中，你有没有发现，如果一个人眼神凶狠、肢体僵硬、表情麻木的时候，周围的小动物，都不会靠近他，因为这些小动物能够感受到能量！

孩子对能量也是有感应的，越小的孩子感应能量的能力往往越强。

如果家长可以经常轻柔地抱着孩子，眼神中流露出满满的爱，微笑地看着自己的孩子，那么孩子就会被爱滋养。让孩子收获正能量，一个被爱包围的人才懂得如何去爱！

我在蔡敏莉老师的萨提亚课堂中见到一个30多岁的爸爸。他说着他小时候的经历："从小，我的父母信奉儿不打不成器，对我的教育很是严格。对于我的教育，父母总是很舍得，自己舍不得吃，舍不得穿，也要供我上学。在这样的教育下，我也很努力地学习，成绩一直都不错，但是我的内心总觉得缺失了什么。我知道我的父母很爱我，但是我感觉不到爱。现在我长大了，我也不知道该怎么去爱我的孩子，好像我还在重复着我父母的模式。"这个爸爸说着说着就哭了，蔡老师引导这个爸爸回忆自己小时候的经历，发现父母给了孩子很多标准和要求，但是没有给该有的爱。最后这个爸爸终于找到了内心缺失爱的原因，

他对蔡老师说："蔡老师，你可以抱抱我吗？在我的记忆中，我的父母都没有给过我一个温暖的拥抱。"当蔡老师将这个30多岁的爸爸拥入她怀抱的那一刻，全场很多人都哭了。我感受到了他内心的悲凉！蔡老师轻轻地拍着这个大男孩，大男孩哭着哭着，却很放松，也许他在那一刻找到了自己一直想得到却没有得到的东西。

所以，家长们，多给孩子眼神的鼓励，多给孩子一个温暖的拥抱，多给孩子美丽的微笑，让孩子感受到你对他的爱！

当家长和孩子交流的时候，不要看着手机，不要高高在上，请蹲下身来，面对自己的孩子，眼睛看着孩子的眼睛，眼神中流露出对孩子的欣赏和信任。相信孩子能够感受到你的力量！

当孩子要去上学或者放学回来的时候，给孩子一个温暖的拥抱，让你的心和孩子的心贴在一起。相信孩子能够感受到你的温度！

当孩子从外面回来和你报喜或诉苦的时候，请让你的心和他的心在一起。如果孩子开心，就和他一起笑，如果孩子不开心，和他一起哭，擦干眼泪后用微笑告诉他，爸爸妈妈和你一起面对。相信孩子能够感受到你的爱！

有了眼神的连接、肢体动作的连接和表情的连接，当然核心是心的连接，父母的所有“道理”孩子才能听得进去，否则都只是“唠叨”罢了！

其实不仅是对孩子，对伴侣对父母也是如此，多一些眼神的关注，多一些肢体动作的连接，多一些微笑的表情，家庭一定会更加幸福和美好。因为人和人需要连接！

发自内心的欣赏和相信

心的力量和爱的力量，是我们看不见摸不着却难以想象的巨大力量，我们心中相信并且带着爱欣赏孩子的时候，孩子就会被这强大的力量滋养，从而充满力量。

“作为家长，你对你孩子的看法是怎样的呢？”我经常问家长这样的问题，很多家长的回答让我的心凉了半截。大多家长会这样回答：

“我的孩子特别粗心，我觉得未来更让人操心。”

“我的孩子特别调皮，学校老师总找我，我现在很头疼。”

“我的孩子很内向，不爱讲话，我都担心他长大能不能找到对象。”

如果家长真的这么看待自己的孩子，这就会是一个魔咒，孩子不知不觉就会成为家长们认为的这样！

我非常感恩我的父母，他们没有多高的文化，都是普通工人，但是从一开始，我得到的就是他们的欣赏和相信。在我的记忆中，我很难找到父母对我的否定，我相信我的父母相信我。

爱的能量是奇怪的，因为它不依赖于知识和逻辑，而仅仅是一种直觉！如果你喜欢一个人，对方就会感觉得到；如果你不喜欢一个人，对方也能感觉得到；如果你明明不喜欢一个人，还假装喜欢对方，你会发现对方还是不喜欢你……为啥？因为心无法欺骗人！

所以，当很多家长问我：“我真的希望我的孩子好，我能做的是什么呢？”

我告诉他们：“最重要和最关键的，是你的孩子本来就好。请你放下所有你的孩子的不好，告诉自己，你的孩子本来就很好。你发自内心地开始看到孩子的优点，发自内心地欣赏孩子的点点滴滴，内心充满了骄傲和自豪。你相信你的孩子乐于助人，相信你的孩子孝顺，相信你的孩子一定有出息！这是第一步，也是最重要的一步，因为如果你的心没有这些东西，你再怎么装，孩子都不会相信的！所以，从心开始，欣赏、认可、相信自己的孩子，你要不断地给自己催眠。”

有的家长说：“我真的做不到，我看到的都是孩子的缺点。”

那我只能说：“那我就帮不了你，因为我不能帮你欺骗你自己的心！”

前面说过，孩子本就没有缺点，只是特点：调皮的孩子往往充满创意，不爱讲话的孩子往往心思缜密，爱打架的孩子往往仗义……只有我们带着发现美的眼睛，我们才能感觉到美的存在！

齐思博妈妈，我在前面提到过，以前她给我打电话，都是诉苦，都是说孩子这个不好那个不好，让她操心。学校的老师也经常找她去谈心。她对孩子的教育的最大改变，就是从 2015 年春节后的第一个电话开始的。在那个电话中，她欣喜地看到孩子的好，觉得自己的儿子未来一定有出息。电话中我听到的是一个母亲对儿子发自内心的相信和欣赏，我觉得这个儿子一定会因为妈妈的这个改变而受益终生！

以前我教过齐思博妈妈几个教育孩子的方法，有一个就是：微信赞美孩子。刚开始，赞美了一段时间，她就和我说赞美没有用，我说："当然没有用了，因为你的赞美都不是发自内心的，都是带有目的性的，都是装的，所以孩子感觉不到。"她也老实地承认的确是这样！后来，当她真的静下心来，重新审视自己孩子的时候，她发现了孩子很多的好：善良、仗义、独立性强、有主见、能吃苦、幽默、开朗……那么多优点，多么好的一个孩子啊！

赞美的力量

我们知道强力可以劈开一块盾牌甚至毁灭生命，但是只有爱具有的无与伦比的力量可以滋养万物。当我们拥有爱的时候，不要吝啬我们爱的表达。

我相信家长们都明白赞美的力量，有一种教育叫作“赏识教育”。在中国，推动赏识教育的周弘老师，是一位普通的父亲。他用20年的时间探索出赏识教育，把双耳失聪的女儿周婷婷培养成留美博士生和首届“《中国妇女》十大时代人物”之一。对于赞美的好处，我相信家长们都不陌生，但是为何我们在现实生活中的赞美却不够呢？

前面我写到，人生是一场修行，所以我们知道容易，做到却很难！我们明明知道赞美对孩子很好，却很少去赞美；我们明明知道赞美爱人可以让家庭更加和谐，却不去表达；我们明明知道赞美父母可以让父母开心喜悦，却忘了这件事情！教育中，哪怕能够多一点点的赞美，爱的心灯也会因为一句赞美而被点亮！

在我的情商课程上，有一个环节是“父母和孩子互相赞美”，父母需要当着孩子的面，看着孩子的眼睛，认认真真地说出孩子的五个优点。以前我都不让家长提前准备，后来发现效果不好，因为临时给家长布置这个任务，不少家长都说不出来，反而让孩子更加难受。后来，我就提前告诉家长赞美的重要性，一定要提前想好了，课程中好好地赞美孩子。当家长们真的发自内心地找到孩子的优点并说出来的时候，我看到很多孩子都哭了，有些哭得特别伤心。我想，那片干涸的土地上终于浇灌上了一汪清泉！

还记得我前面在“换位思考”中提到的那个不肯上课的男孩吗？后来那个男孩经过多次商量，进入了课堂。就在第一天晚上的这个环节中，当他的爸爸妈妈赞美他的时候，说出了他的种种优点，这个六年级的小男孩，哭得稀里哗啦。他的妈妈后来回忆道：“我都没有想到我的孩子会哭得这么伤心！”我说：“那不是伤心，那是一种幸福的眼泪，是一种被理解的眼泪，因为他知道他的优点被你们看到了，他不是一个坏孩子，而是一个优秀的孩子！”从那以后，这个孩子心中便种下了转变的种子！

课程结束后，这个妈妈找到我，问我她以后怎么教育孩子更好。我说："两个字：赞美。四个字：坚持赞美。"她相信了，并坚持去做了，每天她都会写下赞美孩子的话发给孩子或者放在他的床头，坚持了一年。去年我再次见到她，她和我说孩子有了巨大的变化，不仅考入了当地最好的初中，现在心情也变好了，不和爸爸妈妈对抗了，而且还抽空给父母烧了一顿饭！

由此可见，赞美的力量不容小视！

不仅对待孩子，夫妻之间也要经常赞美，夫妻关系和谐对孩子的成长很重要。有位妈妈找到我，诉说她婚姻的种种不开心，说她老公这不好那不好。我说："我无法改变你老公，但是你可以改变对你老公的看法！如果你相信我，请从现在开始，每天发微信赞美你老公，哪怕你和他吵了架，那天你还是要赞美你老公。"当她坚持去做到的时候，有一天她欣喜地发微信对我说："最近我发现我开心了很多，而且我老公的心情也不错，昨天我老公还约我去看电影！"

赞美一定要发自内心，不带要求！在卓越父母研究院，林青贤院长专门讲到了如何赞美，如何高级赞美，如何通过赞美给孩子种下希望的种子！

父母赞美孩子的时候，有两点要注意：

第一，不要停留在表面，要有客观事实。比如“你很聪明”“你很乖”，这样的赞美几乎无效。“宝贝，你今天帮妈妈整理床铺，你很独立，妈妈很开心。”这样基于事实的赞美更有效。

第二，不要有更多期待。比如：“老婆，今天家里面打扫得真干净，以后你要天天这样就好了！”没有人喜欢被别人要求，所以，这样的赞美无效。赞美就是赞美，不要带有太多的条件！

换位思考后，你会发现，每个人都需要赞美。无论是孩子还是大人，员工还是老板，商人还是政客，都需要赞美！赞美是一种肯定，看到他人的付出；赞美是一种相信，让一个人觉得自己有这么多人相信，收获力量；赞美是一种滋养，每个人都有着自己的不容易，期待别人给予爱和希望。

希望所有的人可以发自内心地赞美他人，哪怕他和我们不相识！

当我们可以发自内心去赞美别人的时候，我们也滋养了自己，因为我们的眼中看到美才能说出美；而整天抱怨、指责的人其实很辛苦，因为眼中有什么，心中就会有什么！带着欣赏的内心、发现美的眼睛，面露微笑的表情，由衷地赞美，点亮更多人的生命！

接纳的力量

世界上最厉害的修炼就是接纳一切，当我们真的可以做到的时候，不是因为世界完美了，而是我们拥有了可以接纳不完美的心，周遭的一切也会因为这样的接纳而变得更加美丽动人。

父母对孩子的爱，是世界上最无私的爱，父母可以接纳孩子的一切！做妈妈的还记得孩子刚出生的时候吗？历经十月怀胎，看着自己的孩子呱呱落地的时候，无论他的样貌如何，你都是满含喜悦地看着他，爸爸也喜悦地抱着自己的孩子，接纳孩子的一切。胎毛重了些也好，皮肤黑了些也好，看起来都那么舒服，因为是自己的宝贝，是自己的心肝！为何会这样无条件地接纳呢？因为有爱，天底下最无私的爱！

可是随着时间的推移，孩子慢慢长大了，父母对孩子的爱依然没有减少，但是因为社会环境，因为比较，父母对孩子的期待似乎也越来越多。期待越多，看到的不完美也越多，开始不能够全然接纳孩子的所有，开始挑孩子这样那样的毛病，开始希望通过各种各样的方式让孩子更加完美，开始指责甚至打骂自己的孩子……很遗憾，因为不接纳，孩子的这些毛病似乎没有好转，而是越来越差！当父母对孩子不能够全然接纳，而是带着自己的标准要求孩子的时候，就会更多地看到孩子的问题，问题越盯越严重。父母的内心不欣赏自己的孩子，更谈不上相信自己的孩子了，父母和孩子的关系就在这样一次一次的较量中互相伤害着。终于有一天，孩子开始不接纳自己的父母，开始和父母敌对了，到了青春期，这样的对立会越发明显。我曾经遇到过一个孩子，因为父母长期不接纳他，总是指责他，最后孩子从家里面拿了钱，离家出走！发展到这一步的时候，需要很长的时间调和。所以，如果父母们真的爱孩子，就请接纳孩子的一切，不带有期待地接纳。因为只有接纳，才能让孩子感受到爱，在接纳的爱的包围下，孩子会自然快乐地成长的！

如果孩子说话不够利索，接纳他，因为爱因斯坦小时候说话也不利索。

如果孩子考试没有考好，接纳他，因为俞敏洪曾经高考也考了三次。

如果孩子不太爱干净，接纳他，因为很多艺术家和文学家都不修边幅……

接纳，并不是不要求孩子，而是一切先从接纳开始。没有接纳，后面的规则就变成了控制。

不仅要接纳孩子，还要接纳伴侣，接纳事业上的伙伴，接纳生命中的各种好与不好。生命的最高境界，就是接纳一切！

接纳可以带给我们平和的心态和面对一切的勇气！

如何做到接纳呢？送给大家一句咒语：“很正常。”

有位老太太坐飞机，很糟糕的是，那架飞机遇到了强烈的气流，飞机瞬间从高空往下掉。在那十几秒的时间里面，机上所有人都惊恐万分，饮料洒落了一地，唯有这个老太太，神情泰然自若。飞机最终平稳着陆，记者采访这位老太太，问其为何可以达到如此程度，泰山崩于前而面不改色。问了好几遍，老太太才听清楚，老太太操着家乡话说：“我老了，耳朵不好，眼睛也不好，这是我第一次坐飞机，我以为飞机都是这么飞的呢！”

这个故事很幽默，却意味深长，老太太觉得正常，就有了接纳，就没有了恐惧和担忧！所以，让我们继续修好自己的心，看待一切的事物都带着平和与包容的心态，无论遇到啥，都和自己说一句："很正常。"

如果你的孩子今天贪玩了，做作业迟了，告诉自己，孩子爱玩很正常。

如果孩子考试没有取得理想成绩，告诉自己，考试分数有高有低很正常。

如果孩子今天见到陌生人不讲话，告诉自己，初次见人有些害羞很正常。

如果你的先生今天应酬回来晚了，喝多了点，告诉自己，男人喝酒应酬很正常。

如果你的太太今天心情不好发了点小脾气，告诉自己，女人喜欢撒娇很正常。

如果单位领导今天批评你了，告诉自己，工作中挨点批评很正常。

如果你的员工辞职不干了，告诉自己，铁打的营盘流水的兵，很正常！

当我们对着自己常说"很正常"的时候，这个咒语可以帮我们面对人生的很多起起落落。当父母们拥有这样一个"很正常"

的心态后，也会把这样一个心态传递给孩子，孩子就会收获“很正常”的心态，就不会因为别人的指责而愤怒，因为别人的误会而生气，因为人生的失败而放弃，甚至因为没有得第一而轻生！

接纳孩子的一切，接纳身边的一切，也接纳自己的一切，爱孩子，爱自己，爱他人，接纳会让我们拥有更多的爱的力量，内心也会变得更加敞亮！

不带情绪地坚持原则

没有原则的爱是溺爱，带着情绪的爱是错爱，不带情绪的坚持原则是一种温柔而坚持的爱。

上面讲到了赞美和接纳，有的家长就疑惑了，难道孩子有问题就不指出了吗？孩子想干啥就干啥吗？这样的教育真的对吗？

我当然不是让家长们一味地表扬和接纳，而没有了原则和批评。任何一种方法走到极端，都是错误的。中国有句古话“物极必反”，掌握度是智慧。我前面说到的“阴阳话”，一阴一阳谓之道，该有原则的时候一定要有原则。但是需要提醒家长的是，坚持原则的时候不要带有情绪，要依然充满爱和接纳！

当孩子小的时候，你带他走过一个冷饮店，孩子吵着一定要吃那个冷饮，但是孩子最近一直感冒，吃了之后感冒会更加严重，你肯定不买。但是孩子一定要，如果你不买他就哭喊个不停，甚至在地上打滚，你会怎么做呢？

第一种家长会拗不过自己的孩子，然后不得已买了冷饮，孩子不吵也不闹了，可是这样的做法没有原则。孩子很聪明的，当他发现自己的哭闹管用，以后就会用这样的方法来要挟父母。

第二种家长会坚决不买，但是看着孩子又吵又闹，他的脾气比孩子还大，对着孩子屁股就是两下，孩子哭得越发大声。这时家长还用手指着孩子的鼻子说：“不准哭，把眼泪擦了。”

孩子打不过家长，这个时候硬是把自己的眼泪收住，然后不哭了，跟着家长离开。

还有的家长吓唬自己的孩子，自己先走了，让孩子待在原地，孩子会特别恐惧，觉得父母不要自己了。家长以为这样的管教手法有效，持续不断地运用。如果你读过前面的内容，你会发现这样孩子受的是内伤，他的内在的抵抗并没有停止，当有一天他有力量的时候，他就会还击了。

那怎么办呢？不带情绪地坚持原则！当孩子哭闹的时候，家长低下身来，抱着自己的孩子，拍拍他的后背，和孩子轻声地说："宝贝，妈妈知道你这个时候不开心，知道你想吃冷饮，但是今天你感冒，肯定不可以吃。如果你想哭，就趴在妈妈的怀里哭。"这时候孩子哭得越发大声了，没有关系，继续抱着孩子，让孩子的情绪得到宣泄，当孩子有情绪的时候，别逼着孩子把情绪收回去，那会产生内伤。让孩子释放出来，然后妈妈继续抱着孩子，和气地说："宝贝，妈妈很心疼你，你哭妈妈也不开心，但是今天真的不可以吃冷饮。你是妈妈的好宝贝，最懂事了，当然，如果你伤心，你可以再继续哭一会儿，妈妈陪着你，等你心情好些了，我们再走。"孩子发泄了情绪，也知晓了原则，拉着妈妈的手走了。

当用这个方法处理的时候，父母的内在是接纳孩子的情绪的，内心是欣赏自己的孩子的，同时，又带有原则，不退让。

这样的教育才是“爱与原则”的体现。光有爱的教育是溺爱，光有原则的教育让孩子感受不到爱！

请不要带有情绪地坚持原则，让孩子感受爱的同时明白什么是原则！

发火只是方法而不是情绪

负面的情绪可以伤害他人，因为我们心中充满了负面；严厉的方法往往会起到正面作用，因为我们的内心装着的不是情绪而是关心。心安定了，方法多种多样。

也许看到这个标题，你会纳闷，发火怎么不是情绪呢?

当我们走入寺庙的时候，我们会看到一尊佛——弥勒佛。弥勒佛长得很可爱，肥头大耳，大大的肚腩，让人看到就有种亲切的感觉。弥勒的后面是韦陀，韦陀表情严肃，整天阴沉着一张脸，让人一看到就不敢亲近！弥勒佛虽然整天笑嘻嘻，但是不善管理，庙里面的东西经常被人偷；而韦陀虽然表情严肃，却是一个管账的好手，并且坚持原则。他们两个的组合堪称绝配！

虽然弥勒和韦陀的长相不一样，表情不一样，做事的手段不一样，但是他们都有一颗“菩提心”，所以赞美也好，批评也好，发自内心特别地重要，赞美和批评只是一个手段而已！如果此时赞美有效，就使用赞美的方法；如果批评有效，就用批评的方法。但是不要动怒，不要有情绪！

去年，我带孩子们去英国游学，因为有了美国游学的经验，所以出发前，我就告诉孩子们，在大巴车上的时候要注意卫生，不能乱扔垃圾。孩子们前面几天的表现还是不错的，估计是玩得得意忘形了，到了其中某一天，从英国的 Alton Towers 游乐场游玩回来，下车后我被外国司机请回了车上。看到车上有几处座位满是垃圾，我立刻把脸

阴沉了下来，让所有的孩子站在车的下面，请大家轮流上车参观，孩子们很少看到我这么阴沉的脸，所以大气都不敢出。上车下来后，他们一个个耷拉着脑袋。紧接着，我狠狠地“教训”了他们30分钟，把这件事情的严重影响以及这几天我看到他们的不文明行为一一罗列了出来。孩子们估计也被我骂晕了，因为我在孩子们的心中一直是耐心和蔼的。然后，我请孩子们回去好好地写反思。

说实话，当我看到有垃圾的时候，我没有生气，我告诉自己“很正常”，但这是一个绝佳的教育机会，而我的直觉告诉我这次动用“批评”的方法更好，能让孩子们记忆深刻。第二天，我和孩子们说：“昨天我说话态度不够好，但是你们如果能够明白我的心，就不会怪我。我们出来代表的是中国人的形象，你们每天都在称赞英国干净，抱怨国内不干净的时候，有没有想过自己做了些什么呢？当然，我知道你们都是好孩子，你们是中国未来的希望和世界的希望，我知道我批评你们，你们不开心，没有人喜欢被别人批评，但是我相信你们也能感觉到我是为你们好，就像你们的父母一样，他们也会经常批评你们，但是他们恰恰是这个世界上最爱你们的人。我希望，未来你们不要光听好话，不好的话、批评的话也要听。”说完这段话后，我相信孩子们又成长了一些，因为他们可以正确地对待批评！

父母是孩子人生的引路人，要明白：教育不是一种发泄情绪的渠道，批评只是一种手段，发火只是一种工具，依然要带着爱、平和、接纳的心态，使用十八般武艺，好好地陪伴孩子成长。

让孩子自我批评更有效

一个人最愿意接受的建议是自己给自己的建议，让孩子自我批评，不仅可以引发孩子自我觉察的能力，建立价值观和人生观，关键是孩子会欣然接受。

作为校长，我在管理立智微教育学校的时候，不怎么批评人，更不会当众批评人。换位思考，没有人喜欢被批评，更没有人喜欢被当众批评！

但这并不代表团队的成员不犯错误，如果成员真的犯错误了怎么办呢？

有一次，我们团队发生了一起小事件，产生了不好的结果，我召集了当事人和部门主管开会。在开会的时候，我没有去责怪当事人，而是从自我批评开始，因为“我是一切问题的根源”。当我开始找我自己的问题的时候，我发现主管也好，当事人也好，也都开始找自己的问题了，最后不仅和谐地解决了问题，而且每个人也都有了进步！

在出现问题的家庭里面，父母在和孩子沟通的时候，可以先说说自己的问题。当父母可以低下身段，自我检讨的时候，你会神奇地发现，孩子也会开始向内看，找自己的问题了。如果你给别人一个巴掌，你换来的也会是一个巴掌；如果你给别人一个微笑，换来的也会是一个微笑！

当孩子犯了错误的时候，父母不要粗暴地去批评，首先接纳错误这个事实，换个角度，错误本身也是好事情，因为错误可以让孩子们更好地成长，错误带来更多的教训和经验！

在一次游学旅途中，两个小男孩因为一些琐事吵了起来，继而发生了“战争”。两个孩子都受伤了，一个手划伤了，一个脸划伤了。两个孩子看到我，都开始说着对方的不好。我没有直接告诉他们问题在哪里，而是不断地问他们问题：“如果你是他，你是什么感受？”“刚才咱们

怎么做可以不让自己受伤，也不让对方受伤？”“我知道你有委屈，但是一个巴掌也拍不响，你能不能告诉老师你的错误在哪呢？”“很好，一个勇敢的人是敢于面对错误的，你告诉老师下次如何避免这样的错误发生呢？”“每个人都会犯错误，我也会犯，一个人能够和别人道歉也是一种勇气。”……在我的引导下，孩子们平和地讨论着自己的问题，站在对方角度去想事情，最后说出了自己的错误，并且和对方道了歉！

我最欣赏孩子们的是，矛盾来得快，去得也快。那天晚上，两个小宝贝居然要求住在一起，最后还挤在了一个被窝，真是不打不相识！

一个人，对于自己说出来的话，更容易去接受并做到。让孩子自我批评，不仅让孩子在过程中学会了分析问题、解决问题，还让孩子能够换位思考。父母不要总是把自己的判断和想法强加在孩子身上，而是要让孩子自我发现并自我批评。每个人都不太喜欢被要求着去做某事，而是喜欢按照自己说的去做！

给建议之前先问问可不可以

不要在别人没有准备好的时候提建议，这样往往无效。教育需要做有效的事情，而不只是正确的事情。让别人接受的提建议方法往往比建议的内容更加重要。

当我们给别人建议的时候，我们是怎么给的呢？是不是有时候我们不管别人愿不愿听，我们都说个不停，因为我们觉得这是为对方好，甚至有时候，我们还冲着对方，大骂一通？当然，毫不怀疑，给对方建议，一定是为了对方好，但是我们是不是忽略了一个问题，提建议的目的是什么呢？

提建议的目的当然是让对方接受建议，然后越来越好咯！但是，如果我们不管对方的感受，就把我们的建议说了，请问对方能够接受我们的建议吗？如果对方不能接受建议，那我们提那么多的建议有意义吗？

所以，请在提建议之前，问对方一句："×××，我想给你提点建议，不知道可不可以？”

不要小看这样一句话，有了这样一句话，我相信，对方对于建议的接受程度至少提升 50%。

给别人提建议，就好比送别人一个礼物，当你提着满满的礼物到对方家里面去的时候，你是先要敲敲门，还是一脚踹开门，把礼物直接塞在对方的手上？

如果你问了上面那句话，就好比是敲门，尊重对方才能产生连接，连接后的建议才更加有效！

父母给孩子提建议之前，最好先表扬孩子几句，然后再给建议，这样效果事半功倍。比如孩子在做作业的时候喜欢动来动去，你很想给他提这个建议，怎么提最好呢？首先说：“儿子，妈妈发现你现在学习越来越认真了，不用妈妈操心，最近老师也表扬你，说你学习进步了。”儿子很开心，然后妈妈说：“妈妈还想给你一点小小的建议，不知道可不可以？”一般孩子不会拒绝这样的要求，点头让妈妈说。妈妈继续说：“我看到你刚才做作业的时候动来动去，我一直觉得你很能控制自己的，如果能够更加专心做题，我觉得你效率会更高，你觉得是不是呢？”我相信这样的建议，孩子是愿意接受的！

还有，父母给建议，一次一条就够了，不要太多，就像再好的东西，吃多了也不好！唠唠叨叨的建议只会让人烦，不会产生效果，其实唠叨的建议背后已经不是建议了，而是父母的情绪发泄而已！

说到这，我们还不得不说说接受建议的问题。任何事情都要多角度地思考，如果生活中，有人给我们建议，无论方式怎样，我们都应该去接受，因为提建议的人是冒着被你不喜欢的风险还要送你礼物的人。好好珍惜这样的人，如果有一天，你发现没有人给自己提建议了，并不是说自己没有问题，而是每个人都不想给你提建议了。

家长们成了自己孩子的父母，也都有自己的父母，孩子再大在父母眼中还是孩子。所以，各位家长，当你们的父母唠叨

着给你们建议的时候，请带着笑容接纳，不要和父母说那么多的道理，因为这样的接纳就是孝顺！

你会质疑，那我的父母提建议的方式不对，我也要接纳吗？当然要接纳，因为所有学习的目的都是来修炼自己的，而不是改变他人的。当我们可以接纳所有建议的时候，并不代表所有的建议都对，而是我们拥有了一颗包容的心，便可以与一切连接！

请记住：给别人提建议之前，问声“可不可以”；别人给你建议时，说声“谢谢”！

不要总帮外人说话

不要认为容忍就是一种美德，不要认为宽容就可以伤害自己，如果仅仅是简单的行为，那不过就是套上了另外一个面具而少了真诚与爱。所以，让孩子真诚地面对问题，不偏不倚。这样才是好的教育！

如果孩子在外面和别的孩子有了争执，家长发现后，会有两种呈现：一种是帮着自己的孩子指责对方的孩子，甚至和对方的家长吵起来。这种做法当然不可取。还有一类家长，看到孩子和别人打架了，不分青红皂白，先把自己的孩子狠狠地骂一顿，把所有的责任都怪在自己的孩子身上！

有些家长会赞成第二种做法，认为这就是让孩子学会找自己的问题啊，这就是让孩子学会谦让啊。然而事实并非如此，孩子不会找自己的问题，不会谦让，就算是暂时退让了，心里面也是不服气的。同时，孩子会开始怀疑自己的爸爸妈妈是不是爱自己，不然为什么总是帮着外人讲话。

在爱尔兰游学期间，两个孩子因为一些小事打了起来，两人都受伤了。其中有一个孩子的妈妈陪同游学，她看到自己的孩子伤了别人的孩子，不问清缘由，跑过去就骂了自己的孩子一顿，孩子可伤心了。妈妈不停地说着，孩子眼泪不停地流。妈妈抱着另一个孩子，揉着这个孩子受伤的手对自己的孩子说："你把他的手伤成这样，他妈妈看到能不伤心吗？"没想到她自己的孩子回了她一句："那我也受伤了，你为什么不伤心呢？"妈妈一下子愣住了！

后来我和这位妈妈交流说："你这样的做法也许是为了让孩子学会谦让，但是他感受到的却是你不爱他了，帮着别人欺负他，这样破坏了孩子和妈妈之间的连接。打个俗点的比方，你到菜场买菜，因为一些事情和别人打了起来，打电话让老公过来。你老公过来不分青红皂白，先把你给骂了一顿，然后揉着对方的伤口问疼不疼，你会是怎么样的感受呢？"妈妈被我这么一问，又愣住了，但也明白了一些。

孩子之间有矛盾很正常，有了矛盾他们才能学会解决矛盾，这个时候家长不要过多参与。如果一定要参与，就把自己当作裁判，不带有情绪，引导孩子自己解决矛盾，做到不偏不倚，

既不因为是自己的孩子而袒护，也不要失之偏颇。如果孩子受伤了，一定要抱着孩子，告诉他，看到他受伤，你心里也不好受，让孩子和你有连接，让孩子感受到你是爱他的！

现在二胎政策出来了，未来的家庭里面，会有两个孩子，父母不一定要让老大让着老二，而是要充分尊重，站在客观角度公平地解决问题，否则老大会觉得爸爸妈妈自从有了老二就不爱自己了，那么他也不会爱他的弟弟或者妹妹！当有了老二的时候，更要对老大好，让老大感觉不缺爱。当老大获得的爱足够多的时候，才会和父母一起承担起照顾老二的责任。

要时刻关注孩子的内心，不能总帮外人说话，还认为这是一种谦让的美德，最后伤了自己孩子的内心。要让孩子知道爸爸妈妈始终是和自己在一起的，有事情是可以一同面对的。有了这样的连接，孩子才会有安全感，才会更加有能量！

第六辑

经营气场

经营一切首先经营什么？气场！

有些能量我们看不见摸不着，却无处不在，不要用自己的已知否定很多的未知，不要用有形去涵盖所有的无形。感受身边的气场，让这样的气场充满爱和正能量，教育已然发生。

有些东西，看不见摸不着，却无处不在。就好比“道”一样，好像虚无缥缈，却无孔不入。气场也是如此！

由于我给企业做培训，经常会去各个企业参观。透过参观企业，就能够感觉到企业的气场。如果这个企业的气场好，经营就会好；如果气场不好，经营自然就不好！

怎么看一个企业的气场？

第一，看感觉。当我们静下心来的时候，我们能够感知到能量的存在，那种说不出的感觉会给我们答案。这个无法形容，但是静心就能感觉得到。

第二，看团队的精气神。如果员工都面露笑容并且走路如风，同事彼此和谐，一般气场都好；如果员工都面无表情，走路拖拉，同事间没什么交流，一般气场都不太好。

第三，看整个企业的环境。如果干净整洁，一般气场都好；如果破旧脏乱，一般就不好！

企业如此，家庭也是如此！如果进入一个家庭，你明显能够感觉到压抑的氛围，这个气场就不好；如果这个家庭和谐，欢声笑语，这样的气场自然就好。再者，看家庭成员的表情。如果愁眉不展，面露愠色，气场不好；如果笑逐颜开，喜悦平和，气场就好。如果家里面整洁清爽，气场就好；如果乱七八糟，气场就不好！

经营家庭也在经营气场！大家头脑中现在想象两个画面：一个画面是阴云密布，一个画面是阳光灿烂。在这两幅画中间，都有一棵小树苗在生长。请问，哪个画面中的小树苗能够更好地成长呢？我相信答案不言而喻！

我常和家长们说，无论我们学多少教育孩子的方法，不如给孩子一个好的环境，这个环境就是气场。如果没有了好的气场，再多的方法都没有用。孩子如果在一个温馨、和谐、包容、快乐的环境里面长大，自然会收获自信、乐观、爱、宽容的性格！

那家长如何来经营好家庭的气场呢？

首先，调整好自己的表情。微笑能够传递友好和爱。当一个人面带笑容的时候，你愿不愿意走近他？微笑会吸引来好的缘分。相反，如果一个人经常暴跳如雷，你愿意走近他吗？很多人，因为不会微笑错过了多少缘分！父母对孩子微笑，就会产生和孩子的连接，给家庭的气场中播撒阳光。

其次，相由心生，调整好自己的心情。一个人的长相30岁之前是父母给的，30岁之后是自己给的。当一个人内心豁达和喜悦的时候，面部就会呈现祥和，让人看着舒服；而一个人内心纠结和痛苦的时候，面部就会呈现扭曲，时间长了，样貌也就会变化了。所以，家长们要不断调整自己的心情，生活就像一面镜子，你对他笑，他就对你笑；你对他哭，他就对你哭。人的一生不可能一帆风顺，我们无法改变很多事情，但是我们可以改变对事情的看法。接受一切，哪怕有坏事情发生，也相信风雨过后就会有彩虹！

第三，换位思考。前面不断地提到换位思考，因为这点真的很重要。有部电影叫《亲爱的》，里面讲到了孩子从被拐到找回发生的事情，很是触动人心。片中有坏人和好人，可是当我们身临其境，站在每个人的角度，感受每个人的感受，发现每个人都不容易。在家庭生活中，每个人都不容易，多多换位思考，矛盾就会减少，矛盾少，气场就好。

第四，相互赞美，多说谢谢。赞美是很重要的连接，赞美让对方收获了力量。无论在人前还是人后，多去赞美，而不是抱怨。赞美孩子、伴侣、长辈、亲戚、邻居，赞美所有人，你会发现气场越来越好！同时，感恩所有人，多说谢谢，别人哪怕只为我们做一点点，我们也要心存感恩。谢谢多的地方气场好！

第五，保持家里干净整洁。家里面不一定要豪华，但是一定要干净整洁，当然也不用达到洁癖的那个程度。家里面干净，人就会感觉心情舒畅。如果心情不好，打扫卫生也是心灵净化的方法，卫生打扫完了，心情也许就好了。

第六，一家人多出去走走。人不要总是待在屋子里面，走出去，自然的能量能够给我们补充。家里人经常一起出去旅游，不是赶景点的那种旅游，也许就是找一块空地，烤烤东西，玩玩游戏，父母和孩子一起搭搭积木……在这样的家庭聚会中，家人之间会产生连接，好的气场互相影响！

同时，气场对一个人的身体健康十分重要。当一个人经常生气、埋怨、嫉妒、不开心的时候，体内就会有毒素产生，这样的毒素不利于身体健康；如果周围的气场是好的，常怀感恩之心，欣赏他人，不追求完美，心情愉悦，那么身体也会更加健康！

如果希望孩子能够茁壮成长，希望自己人生快乐幸福，希望家人身体安康，那就经营出一个好的气场吧！

家庭的教育需要统一理念

最难改变的人往往就是身边的亲人，如果真的爱你身边的人，就和身边的人一起学习。学习好比一场心灵的旅行，经历一次次这样的旅行，心就会靠得越来越近，少了矛盾，多了理解。

孩子的爸爸妈妈、爷爷奶奶、外公外婆都来自不同的家庭，所以教育的观点会有所不同，潜意识中都会用自己从小被教育的方式去教育自己的孩子。隔代教育中，又会因为爷爷奶奶特别疼爱自己的孙辈，而产生溺爱的问题。

经常有父母找到我，说着教育孩子的不容易，特别是老年人插手孩子的教育。

有些孩子很小的时候，都是爷爷奶奶、外公外婆带的，因为爸爸妈妈没有时间教育自己的孩子。很多父母觉得这个阶段的教育就是吃好喝好，教育等大了再去做，这是一个完全错误的想法！

教育是输入和输出，无论谁带，所有的输入就会成为孩子的输出。

老一辈人，受到当时环境的影响，文化程度普遍不够高，所以在教育孩子的过程中，科学性不够，不知不觉会对孩子造成负面影响！我们会看到奶奶带着孙子在那边玩耍，突然，孙子被一张凳子绊倒了，这时候奶奶心疼地抱起孙子，然后对着凳子说："都怪这张凳子，打凳子，把我们心肝宝贝摔着了！"也许老年人觉得这样哄，孩子会开心，可就是这样，教会了孩子推卸责任和找别人的问题。教育都在细微之处！

有些父母会过来和我说："是啊，老师，我家孩子从小就是长辈们带的，现在我们发现有很多的坏习惯。"言下之意，对长辈们有了一些埋怨！

可是，父母们不要忘了，让长辈们带孩子，也是自己的选择。我们要怀着感恩的心，感恩长辈带孩子，而不是带得不如意就埋怨。埋怨只会带来负面的气场，而感恩是正面的气场！

老年人带孩子，虽然方法不一定好，但是我们可以肯定的是，绝不会缺乏爱。虽然有些老年人脾气不好，会打孩子；有些老年人很疼孩子，过于溺爱……但是他们绝对是很爱孩子的。可惜的是，谁教过他们带孩子的方法呢？谁让他们去学习了呢？

有一次，有位妈妈来听我的讲座，听完后很有感触，她就和我说到孩子姥姥带孩子的种种不好。因为姥姥的脾气也不好，经常指责孩子，如果和姥姥说，姥姥还会反驳道："你就是我这么带大的，我看你现在也挺好！"为教育孩子的事情，家里面经常发生争执，常常气氛紧张，甚至有时候还当着孩子的面吵起来，她非常烦恼！我和她说："现在你来听课了，我只能解决你的问题，希望你从内心感恩自己的妈妈帮你带孩子，多说谢谢，同时和自己妈妈说话要礼貌，遇到问题要和气地沟通，这是我能给你的建议。我改变不了你的妈妈，因为她没有来听课，如果你真希望让你的妈妈有所改变，更好地教育你的孩子，那你请她来听课。"很多长辈不爱听课，很幸运的是，这位姥姥走入了家长学习课堂，听完课后，她拉着我的手说："你说得太有道理了，回去我要好好改改。"我提醒她，一定要继续来听课，每听一次就会好一次。后来这位姥姥连续听了几次课，每次都特别认真。过年期间，那位妈妈给我发来短信，很是感谢，说通过学习，自己的妈妈改变很大，整个家庭也更加和谐了！

不要认为老年人就不要学习了，活到老要学到老，学习有时改变的是自己，但自己改变了，孩子往往就改变了！

毫无疑问，夫妻共同学习更加重要。曾经我有个朋友，她学习完了，给她家族十几个人一起报名参加学习，甚至让自己的弟弟从山东赶来听课。这是一个智慧的决定，因为一个和谐的家庭，不是光靠一个人努力的，而是大家的努力。就好比一个团队，不是靠一个领导努力的，而是要上下齐心协力！

有的人会说，老师，你在课堂中说的话，我在现实中也说，为什么我和我的爱人说就没有用呢？这是一个人的特点，“熟悉的地方没有风景”。因为接近，所以往往听不进去，这时候就需要借助第三方的力量。如果家庭中有些矛盾要协调，不要只是双方沟通，可以找些要好的朋友、闺密进行第三方协调，效果会好很多，因为“外来的和尚好念经”。

每次上课，我都建议更多的家庭乃至家族一起学习。最好的方式是进入课堂学习，如果不行就看光碟，再不行就同看一本书，只要学习就有好处。通过学习，大家的教育理念统一了，教育起来就不费劲。孩子就像一辆车，有6匹马都拼命地拉着，都爱孩子，都觉得自己的方法对，也搞得自己很辛苦，可是方向不一致，结果就都是无用功；如果6匹马可以朝着一个统一的方向去拉，结果将会如何？相信你懂的！

夫妻关系就是教育

教育不仅仅是向外求方法的过程。曾有人说："如果你可以和你身边的人相处好，你就可以和全世界的人相处好。"夫妻和谐不容易，但修好的夫妻对孩子是一种福气。

对孩子影响最大的，应当说是父母的夫妻关系了。因为父母是陪伴孩子最多的人，所有的陪伴都是教育！

你可以想象这样一个场景：父亲是阳，母亲是阴，父母彼此面对面坐好，形成一个圈，孩子就在这个圈中长大。请问夫妻关系重要吗？

曾经有一对夫妻，因为年轻，不知道如何经营自己的家庭。他们生养了第一个孩子，有了这个孩子，他们不仅没有减少吵架，还经常当着孩子的面大吵特吵，有时候生

气起来，甚至冲着孩子发火，孩子变成了出气筒。

多年以后，他们走进了学习的课堂，开始从自我修炼开始，修复夫妻之间的关系。9年后，他们又有了第二个孩子，从怀孩子的那一刻起，整个家庭氛围都特别好。

后来，两个孩子的性格完全不同，老大脾气暴躁，爱发火，在学校特别爱惹事，还因为和别人打架斗殴进了少管所；老二的性格平和自然，很懂事，总是能够照看好自己，成绩也很优秀！

夫妻两人总是表扬老二，说着老大的不好，殊不知，这些都是夫妻两人教育的结果，不了解夫妻的关系对孩子如此重要！

最近的一项研究显示，父母经常吵架对孩子造成的不良影响，甚至大于父母离婚对孩子的影响。如果孩子长期目睹父母争吵，父母之间相互敌对，相互贬低对方，便会使孩子产生不安全感、不信任感、怀疑、困惑、脾气暴躁等负面情绪，造成孩子的人际关系障碍，难以与别人建立信任关系。这种原生家庭的伤害，甚至影响到孩子的婚姻观念。当孩子组建自己新的家庭的时候，这样的伤害也会影响新的家庭。

在对孩子的教育中，父母的角色都特别重要，有些父亲认为教育是孩子母亲的事情，自己忙着挣钱就好了。事实不是这样，阴阳两者中，缺乏一种都是不平衡的！

母性之爱：德行礼仪、品格气质。母亲在孩子的婴幼儿、少儿阶段影响巨大。

父性之爱：方向性引领和理性作为。伟大的父亲，一定是孩子的引路人、思想的奠基人。

随着孩子的成长，母性之爱呈递减趋势，父性之爱呈递增趋势。

婴幼儿阶段：母性之爱80%，父性之爱20%；

小学低年级：母性之爱70%，父性之爱30%；

小学中年级：母性之爱60%，父性之爱40%；

小学高年级：母性之爱50%，父性之爱50%；

初中阶段：母性之爱40%，父性之爱60%。

当然，这个比例不是绝对的，只是希望所有的父母明白，在不同的阶段要给予应该的关注和科学的教育，阴阳和合才能够培养出好的孩子！

有些父母因为感情问题，离婚了，对于这样的家庭而言，如何与孩子说就很重要。不要避讳谈这个事情，如果真的发生了，就坦然地面对。但是特别要注意，不要在孩子面前攻击另外一方。有的父母离婚了，为了泄愤，就不断地给孩子灌输“你爸爸在外面鬼混，男人都不是好东西”这样的言语。这样的言语会给孩子带来不安全感，如果孩子长大了，长期这样的教育往往会带来另一场悲剧的婚姻！父母的分开，本来就让孩子会有不安全感，孩子担心父母会不会有一天也不会和自己好。父母可以和孩子这么说：“爸爸妈妈分开了。我们因为相爱在一起，现在不相爱了，所以就选择了分开。这并不代表你的爸爸不好，你爸爸很负责任，很勇敢，也很爱你。只是我和他的性格不合，现在没有办法继续生活在一起。我和爸爸没有血缘关系，但是妈妈和爸爸与你有血缘关系，你注定是我们最重要的宝贝，我们都很爱你，我们不会和你分开！”

夫妻关系是孩子教育的温床！一个爸爸对孩子最好的爱，就是好好疼爱孩子的妈妈。一个妈妈对孩子最好的爱，就是欣赏并推崇孩子的爸爸。可以在一起，也可以分开，但不能没有爱！

先处理心情，再处理事情

很多时候我们没有处理好心情便带着情绪去处理事情，继而又产生更多麻烦的事情，甚至有些无法挽回的悲剧也由此产生！心情第一位，事情第二位！

多少父母不是在教育孩子，而是在发泄情绪？

多少人因为没有处理好心情，把事情给搞砸了？

多少人因为没有处理好自己的心情，而毁了自己的一生？

“先处理心情，再处理事情。”我觉得这句话有时候是可以救命的！

北京发生过一个轰动全国的案件。2013年7月23日，在北京大兴区科技路公交车站，两名驾车男子因停车与一名女子发生争执。过程中，一名男子殴打该女子，又将婴儿车内的女童摔在地上，导致女童严重受伤。受害女童伤势严重，不幸夭亡。9 月 25 日，法庭最终以故意杀人罪判处摔童犯韩某死刑，剥夺政治权利终身。

这起事件中，韩某一定是一个十恶不赦的坏人吗？我认为不一定，也许他是一个很努力的青年，也许他是一个很孝顺的孩子，也许他是一个很疼爱孩子的爸爸……遗憾的是在矛盾发生的那一刻，他没有处理好自己的心情，不懂得退一步海阔天空，做出了这样极端的行为，最后害了两个家庭！相信韩某的家人也是悲痛万分，而女童的一家更是伤心欲绝！

如果当时双方都可以忍让退让，以礼相待，换位思考，这样的悲剧就不会发生；如果韩某提前学习了一堂叫作“如何处理自己的情绪”的课，这样的悲剧就不会发生！

可更加遗憾的是，这样的悲剧天天在发生。如果这些人，可以好好处理自己的心情，结局都不会是这样的，不仅伤人伤己，还伤害了自己的父母，伤害了那么多爱自己的人！

现在青少年自杀的情况也屡见不鲜。我曾经看过一个视频，其中有一个画面至今不能忘记。一个孩子，就因为老师批评了几句，就夺门而出，从 6 楼一跃而下，结束了自己年轻的生命！

冲动是魔鬼！人在不理智的情况下很难做出正确的判断。

在给孩子们上情商课的时候，我一定要讲到“先处理心情，再处理事情”这句话，不希望看到更多的悲剧上演！

同样，很多父母在情绪下的教育，也会对孩子造成巨大的伤害。有些父母觉得发泄完情绪就过去了，事实并非这样，所有的负面情绪都会留有后遗症！

有个男孩很喜欢发脾气，但是每次发完脾气，他都觉得没啥。有一天，妈妈告诉孩子，以后你发一次脾气就在墙上钉一颗钉子。不久之后，满墙都是钉子。妈妈让孩子看着那些钉子，告诉孩子，每颗钉子都是你伤害的人，现在如果你愿意，你每次说一声对不起，就摘下一颗钉子。男孩这才发现自己做了那么多伤害别人的事情，带着忏悔拔下一颗颗钉子，每拔一颗，就说一声对不起。所有的钉子都被拔了下来，妈妈指着墙上的洞对儿子说：“你刚才很了不起，敢于面对自己的错误，对每个人都说了对不起。但是，你看看，钉子虽然没有了，洞却留下来了。所以，以后要尽量控制自己，不要乱发脾气，因为无论怎么道歉，还是会留下伤痕的。”

如果我们经常伤害孩子，无论我们怎么忏悔，都会留有印痕。所以，我们要时刻觉察，控制好自己的情绪，然后再去做教育，而不是带着情绪去做教育！

有的家长说："我也想控制啊，就是控制不住，那怎么办呢？"我告诉大家一种方法，就是：离开现场，去数数。当情绪上来的时候，最好离开现场，到其他地方去一个人静一静，然后数数，从1开始数，心中想着美好的事情，直到情绪平复，再去处理。如果你能做到这一点，相信很多坏事都不会发生，很多好事都会到来！

永远记住：先处理心情，再处理事情！

我将能量放在最需要的地方了吗？

当我们晚上回顾一天的时候，我们能够对今天的一天无怨无悔吗？还是又一次留下了很多的遗憾，将自己宝贵的光阴耗费在了不重要的事情上？日复一日，当岁月不给我们时间的时候才明白真正要追求的是什么，那岂不是一场大的悲剧？

“如果有人往你脸上吐了一口痰，你可以把痰擦掉，继续去做你的事情吗？”曾经在我的课堂上，我问过这个问题，能做到的人寥寥无几！我对他们说：“每个人都可以做到，你相信吗？”

有这样一个场景：你生命中最重要的人生病了，必须立刻送到医院去，否则生命就没了。当你把人往车上抬的时候，有个你的仇人跑来对你脸上吐了三口痰。这种情况，你是选择把人送到医院，还是选择和这个仇人吵架呢？有一次有个学员幽默地回答：“我连痰都不擦，当然送医院。”是的，为什么这个时候，我们不去为吐痰的事情纠结了呢？因为，我们有更重要的事情要做!

反观我们日常的生活，我们经常在一些不重要的事情上耗费我们自己的能量：我们为一些小事情耿耿于怀，郁郁寡欢；我们常常因为鸡毛蒜皮的事情，和别人争吵，浪费了自己的时间；我们经常会因为纠结于某件事情，犹豫不决，错失了很多的机会……这些，都是因为我们没有把能量放在最重要的地方!

那么我们的能量应该放在哪里，什么事才是最重要的呢?前面我们提到过梦想中心、阶段中心和道中心，我们的能量应该围绕在这三个地方，心中记住自己的梦想，在阶段的目标上脚踏实地，不断修行自己，这样我们的人生才会更好!

曾经，一个朋友带着他的孩子和我一起去办事。突然我们前面的车子急刹，我朋友没刹得住，“嘭”的一声，追尾了！前面是辆出租车，司机下来后，指着我朋友就说：“你怎么开车的？”朋友连忙笑着说：“对不起，对不起！”然后查看了下损坏情况，没啥问题，保险杠都没有坏，我朋友问：“你看咋办呢？”那个司机说：“至少赔 200 块！”我朋友立刻取了 200 元给了司机，整个过程不到 1 分钟。后来，我和朋友说：“你是不是太好说话了？”朋友给了我三个理由：“第一，今天我们有很重要的事情

去做，我们没有时间去浪费，争吵不仅耗能量还影响心情；第二，后面还有很多车，我们不能耽误别人的时间；第三，出租车司机也不容易，毕竟追尾了是我们的问题。200元，谁用不是用呢？”我相信，当坐在后面的孩子看着自己的爸爸这么处理问题的时候，他也学会了很多，学会了做重要的事情，学会了换位思考，学会了考虑他人，拥有了格局！

人的一生是有限的，一个人的智慧就是每天可以很好地做出选择，知道把自己的时间和精力放在哪里，知道与什么样的人交往，知道选择做什么样的事情，知道选择用什么样的心态度过每一天！

请将能量放在最需要的地方，围绕中心，做出智慧的选择！

关注我们身边的能量场

人真的可以独善其身吗？很难！因为我们不是活在一个只有自己的世界里面，我们不能选择改变别人，但是我们有权利选择和什么样的人在一起。在你不能改变他人之前，先选择和更多的正能量在一起，自己才会更好。

教育是输入和输出，所有对孩子成长过程中的输入都是对孩子的教育。整个家族的气场是教育，家庭周边的环境是教育，孩子接触到的媒体是教育，父母带孩子参加的各类活动都是教育……这些教育中，会有各种各样的信息不断地输入给孩子，孩子会进行模仿，然后输出。

当我们带孩子去参加朋友聚会的时候，我们在餐桌上谈论的话题对孩子就是输入，这时候的能量场就是孩子身边的能量场。有些时候我发现成年人喜欢谈论一些负能量的话题，比如抱怨社会、抱怨公司等，孩子在这样的能量场中就学会了抱怨。成年人喜欢谈论车子、谈论房子，攀比嫉妒，孩子在不知不觉中就学会了攀比！

现在的媒体越来越丰富，每天都有大量的信息透过媒体终端传递给孩子们，其中有些内容不适合孩子接触。我们呼吁媒体，不能总是为了赢得关注，而输出一些不适宜或者负能量的内容，这样不知不觉就会影响孩子们。当然，当下我们无法立刻改变这样的情况，所以我们要引导孩子们接触合适的内容。上次我们看了一部电影《功夫熊猫》，我觉得这样的影片就很好，其中有一句台词是："做最好的自己。"这样的教育环境输入对孩子就很好！

其实，不光孩子要选择自己的环境，父母更要选择自己的环境，因为父母的环境决定孩子的环境。父母和什么样的人交朋友，孩子就会和什么样的朋友玩到一起；父母选择参加什么样的活动，孩子就会在什么样的环境里成长！如果父母选择交负能量的朋友，喜欢抱怨的朋友，喜欢吃喝玩乐的朋友，喜欢打麻将的朋友，孩子也会充满负能量、抱怨和喜欢吃喝玩乐，甚至学会打麻将；如果父母选择爱学习的朋友，喜欢做义工的朋友，喜欢旅游、养生的朋友，孩子往往也充满了正能量，并且在耳濡目染中培养了良好的情操！

父母的朋友圈决定着孩子的朋友圈，所以，父母要选择好的环境，环境就是教育！我们要随时关注身边的能量场，当遇到一些负能量的地方，如果我们不能去影响，那我们就要远离。

有人会质疑，这样是不是没有慈悲心？不是的。慈悲也需要有智慧，并不是我们不去影响他们，我们在我们能力范围内影响，并且鼓励更多人去学习。但是每个人有每个人的缘分，我们的能量并不是只受我们自己控制，也多少受到周围环境的影响！有些时候我做完团队培训，大家充满了正能量，并且对未来充满了希望。但是晚上吃饭的时候，参加完培训的伙伴与朋友分享学习心得，常常遭到朋友泼冷水，说："这样的课程我也听过，不就是给你洗脑吗？希望你给单位多挣些钱！"请问，如果你听到这样的话，会受到影响吗？我想绝大多数人多少都会受到影响。所以，我们要多选择正能量场，更要多创造正能量场！

嫉妒、攀比、指责、抱怨、埋怨、愤怒、压抑、忧郁、暴力，这些能量如果积累在体内，就会对心情、健康产生不好的影响。如果我们的生活和孩子的生活中，不断有这样的能量在我们周围，我们也会被这些负能量影响。所以，好好关注我们身边的能量场吧！

我们每天都“洗脑”了吗？

如果我们的思想不改变，原地踏步，我们终将因为自己的思想腐朽而错失很多的美好。所以洗脸的时候顺便洗洗脑，觉察自己的念头，觉察自己的价值观，觉察自己的发心，给自己心灵多点鸡汤，无论别人说什么，坚持去做，因为这是好事！

大家听到“洗脑”这个词的时候，往往都会觉得是负面的词，因为我们经常将“洗脑”和“传销”联系在一起。实则不然！

我们都有每天洗脸的习惯。清晨醒来的时候，我们会用一捧清水洗净我们脸上的污垢，让我们的外在看起来更加干净，甚至还会给自己化化妆，让自己看起来更精神。洗脸是清理我们外在的物质世界！

那么，我们有没有去关注自己内在的精神世界呢？让我们把内在的精神世界洗一洗，这就是“洗脑”！

清晨，天气很冷，外面下起了淅淅沥沥的小雨，今天还有很多的工作要去做，还需要送孩子上学，我们如何面对今天的一天呢?

有的人躺在床上，想着：“又是倒霉的一天，还下雨了，出门又不方便，送孩子上学肯定堵车，先生又不着家，总是出差，自己还要上班，有大堆的工作要做，真的好烦啊！”在这样的自我对话中，开启了自己的一天，请问开心吗?

有的人看着窗外的小雨，告诉自己：“今天又是美好的一天，下雨后空气更加清新了，我有一个健康可爱的孩子，还有一个天天为了这个家奔波忙碌的先生，我自己有一份很好的工作，我们全家都身体健康，我要好好享受今天！”带着这样的对话，同样开启了一天，请问开心吗?

世界是一样的，但是我们看到的世界不一样，因为我们带着不一样的内心!

如果我们内心可以多些欣赏，我们就会发现更多的美好!

如果我们内心多些赞美，我们就会用我们的语言滋养更多的人!

如果我们内心多些爱，我们就会让更多人因为我们的存在而更加美好！

人生路上总有风风雨雨，当我们总是期盼在下一站找到片刻精彩的时候，我们是否能够在风雨中发现美好的存在？

当孩子粗心的时候，父母要给自己洗脑，告诉自己这样的孩子特别大气，而且一定越来越好。

当孩子调皮的时候，父母要给自己洗脑，告诉自己这样的孩子有创造力，未来前途无量。

当爱人经常忙着工作关注不到家的时候，告诉自己爱人为这个家付出了很多。

当老年人有些过度疼爱孙辈的时候，告诉自己老年人也许不懂得科学的方法，但是他们对孩子充满了爱。

也许事情都没有我们想得那么完美，但是当我们把焦点放在问题上的时候，问题就会越来越多。而我们的本能总是喜欢去找到问题，然后抱怨、指责、埋怨，这时候，给自己的心灵洗个澡，和自己做个对话，发现积极的、正能量的一面，然后我们会慢慢发现，生活还是那样，而我们却更加幸福！

第七辑

顺其自然理念

你了解自然的秘密吗？

有很多我们不了解的东西，值得我们去探索。自然是我们的老师，向自然学习常常有着意想不到的收获，让我们从自己给自己设计的困局中走出来。

自然界，有太多值得我们学习的东西。顺应规律去做事情，往往事半功倍；违背规律去做事情，也许会获得短期收效，但往往会付出代价！

我们了解自然的秘密吗？让我们一起来看看自然界！

自然界丰富多样，人类不过是数百万物种中的一种。我曾经去过一个森林，很喜欢那儿的风景。那里有低矮的蕨类植物，还有各种各样的参天大树，一眼望去有几百种不同种类的植物，因为不一样，所以精彩！反观我们的教育，我们总是期待着培养出标准化的孩子，可每个孩子都是不一样的，如果所有孩子未来都变成一个模样，这世界将会少多少精彩呢？有的孩子擅长文科，有的孩子擅长理科；有的孩子运动细胞特别好，有的孩子艺术细胞发达；有的孩子学习成绩好，有的孩子情商高……如果父母总是期待孩子成为“标准的好孩子”，就会错失孩子很多的优势。这就需要父母接纳孩子的多样性，欣赏孩子的优点，了解每个孩子都是自然的奇迹，因为自然本就是多样的！

自然界的生长讲求循序渐进，自然生长，可现在我们有些家长太着急了，恨不得孩子用一年就把几年的课程学完。如果给一棵树浇太多的水，施过度的肥，看上去是好心，但是最终这棵树会是怎样呢？自然界讲求规律，而不是急功近利。还记得揠苗助长的故事吗？如果我们过度着急，让孩子做很多不该这个阶段做的事情，最终会害了自己的孩子！

在我们生活中，这样的案例屡见不鲜：有的家长让孩子 3 岁就做数学题，而这个时候并不是孩子逻辑思维的最佳发展时期；有的家长让孩子一年级就做作业做到晚上 10 点多，那到了高中该怎么办呢？教育孩子要掌握规律，给孩子打下坚实的基础。这个基础是什么呢？我认为是爱，是接纳，是自我认同，是欣赏，是德行，是创造力，是想象力！当我们把这些基础打好了以后，后发的能量将会超出我们的想象。那这些如何耕种呢？就要靠我们父母的微教育了！竹子在生长中，前面 3 年都在长根，然后从发芽开始，十几天的时间就可以长高 10 多米。厚积薄发很重要，循序渐进很重要！

自然界的生命为什么顽强？因为它们需要面对风风雨雨！自然界的植物，从一颗种子开始发芽之时，就需要面对自然界的各种灾难。在扬州瘦西湖，有一棵古树，被雷劈成了两半，却依然发出新芽。经历自然界洗礼的植物更具有韧性，而在温室中的植物，因为一直都处于非常安逸的生长环境，不知不觉丧失了面对风雨的能力，一旦搬到户外，就无法生存！培养孩子，最终是要让他们自己面对人生路的，而人生路上免不了各种危机，如果孩子从小没有在家长的指导下面对各种危机，等孩子大了之后更无法独自面对人生的风风雨雨。所以，不要把孩子当作温室里的花朵培养，克服自己的恐惧，让孩子独自去面对一些事情，那样孩子也许会有些伤心，但伤心的过程也是心力增强的过程。如果无法从伤痛中走出来，是永远无法长大的！

有种子的地方，就会有生命的奇迹！生命的顽强超出我们的想象，只要我们播下一颗种子，只要有机会，它就会破土而出。所以，父母们要时刻给孩子播下心田的种子，只管播种就好，什么时候萌芽、开花、结果，交给自然就好！那父母要播下什么样的种子呢？播下爱的种子、感恩的种子、乐观的种子、助人的种子、相信的种子、赞美的种子、习惯的种子……相信这些富有正能量的种子，终会在某个时刻给孩子带来生命的精彩！

不比较，做独一无二的自己

这个世界上没有两片完全相同的叶子，更没有两个完全相同的人。每个人都有着自己不同的使命，我们要尊重多样性，不要用一个标准框住了所有人，更不要总是拿自己和他人比较从而失去本我。

人一旦有了比较心，就会活得不太开心，总是用别人的成功来折磨着自己。每个人都是不一样的，我们和别人的比较，往往只是比较生活的一面而已，并不是比较生活的全部。所以，我们何必用一部分的不如意来让自己不开心呢？也许有人羡慕别人漂亮，但是漂亮的人未必有好的才华，有才华的人未必有着健康的身体，有健康身体的人未必家境富裕，家境富裕的人未必事业顺利，事业顺利的人未必婚姻幸福……我们会发现，世界上的每个人都有着自己的不容易，我们也知道自己有着自己的不容易，所以，让我们好好爱自己。爱自己就要爱自己的全部，接纳不完美的自己！

没有人愿意被比较，可是我们总是不知不觉地拿自己的孩子和别人的孩子比较，拿自己的伴侣和别人的伴侣比较。我曾经听到有些太太对自己老公说："你看看谁家老公又升职了，又加薪了，你怎么那么没有用呢？"试问这样的比较会让一个男人更加充满自信、意气风发地去打拼，还是会失去继续拼搏的力量？

我看到有些家长这样对待孩子。孩子这次成绩考得不错，得了 95 分，开开心心地回来和父母分享。家长看到分数后，说："考得不错！"孩子听了很开心。接下来家长又问："你们班最高分多少分？你为什么没有考最高分呢？"孩子听了这话，兴奋的表情顿时没了，剩下的只有落寞！我曾经和一个上初中的孩子聊天，他已经极度厌学了。他父母说他小的时候学习成绩挺好的，不知道为何现在成了这样！后来与孩子聊天时，他说，无论他多么努力，他的父母都不知足，就算考了全班第一，还要拿他和全年级第一比较，他觉得这样的努力没有意义！

比较是一种打击人的行为。老师经常拿同学做比较，会伤害孩子的自尊；父母拿孩子做比较，会伤害孩子的自信；管理者拿员工做比较，会打击员工的积极性……因为没有人喜欢比较！

“爱自然生命力”体系创始人林青贤院长有本书《幸福，从接纳开始》，很值得读，无论怎样，接纳自己的全部！

做最好的自己就好了，相信自己来到这个世界就是一个奇迹，无论他人的花开得多么灿烂，我们守着自己的一缕芬芳也是一种魅力！无论怎样，接纳他人的全部，带着欣赏看待一切，因为欣赏是美好的开始，世界会成为我们认为的那样。这样去接纳，一切都会变得比我们认为的更美好！

不着急，超越昨天的自己

当我们贪心的时候，我们就很容易着急，当我们向内看的时候，发现只要比昨天的自己好一些就会心生欢喜。当我们着急成长的时候，成长就不来了；当我们很想赚钱的时候，钱也不来了。所以，不要着急，慢慢来。

有时候，因为比较，我们会急躁，急躁的时候，便容易失去自己的节奏，跟着别人的节奏走，最后乱了自己的方寸。很多国内企业相互竞争，盲目追求超越对手，不根据自己的情况循序渐进，资金跟不上，团队跟不上，管理跟不上，最后破产倒闭！所以，不要总是想着超越对手，超越昨天的自己就好了。

每天从一点一滴的小事开始超越，多参加一次学习，多交一个朋友，多分享一个观点，多总结一个经验，多提升一点智慧，多养成一个好习惯……在这样一点一滴的积累中，不知不觉就会积聚能量！如果我们每天能够超越昨天的自己一点点，而不是试图一次性变革，我们就会更加淡定，更加稳扎稳打。一些培训学校校长面对压力，特别着急，我就问他们，你们希望做多久的教育呢？他们说，至少30年！既然我们要做30年的教育，咱们能不能不要那么着急，每天进步一点点，哪怕从辅导好一个学生开始，也是有价值的。

有些家长希望孩子好，是一种攀比心在作祟。我经常问家长，为什么要把孩子搞得那么辛苦？他们说，周围的孩子比我们孩子辛苦得多呢！去培训班报名的家长也常常是攀比不断，比如孩子的水平只能学习《新概念英语1》的内容，但是家长就一定要让孩子学习《新概念英语2》，理由竟然是同事家的孩子和自己的孩子一样大，学的就是《新概念英语2》！这样的攀比最终害了孩子，因为每个学生的起点是不一样的！

在教学中，我们给老师的指导原则中有一个“i+1”原则，“i”代表学生现在的水平，而“1”表示的是在这个水平上增加一点点就好，不要把“1”变成了2、3、4，因为超出孩子目前水平太多的东西，超出孩子的承受范围，最终会让孩子没了成就感，看上去是赢了，结果却是输了！

“1”也告诉我们，微教育是要每天进行的，从一点一滴的小事开始，传递爱和鼓励，传递理念，传递科学的方法，最终就会到达想要去的那个彼岸！反之，如果我们着急了，往往传递的是焦虑、指责和错误的方法。

不乱来，符合规律的教育

教育需要遵循规律，而不是按照我们的主观臆断来妄为，为了短期效益而付出长久的代价。

符合规律的教育就是在合适的时候，做合适的事情，进行合适的教育！现在的一些家长，不太懂得如何科学地进行教育，付出了不少的代价！

孩子好比一台车，我们开车之前，要先学什么？肯定要学驾驶技术并且通过考试后才能开车，否则就容易出车祸！而我们教育我们最爱的孩子之前，我们学习过吗？近些年，我们一直在推动更多的家长学习，如果家长能够通过学习改变自己一点点，也许就能改变孩子的一生。不学习的家长，经常自己犯下的错误，却让孩子买单，最终还把责任推给孩子。

孩子 0—3 岁的时候，很多父母旅游的时候不带孩子去，认

为孩子小，就算去了也记不得。但是恰恰这个时候，应该多带孩子出去走走，因为这时候是孩子感官系统发育期，外在的声音、颜色、味道等都会对孩子的感官发育有好处，进而刺激大脑中树突的发育，树突越多则孩子智力越好。可有的父母这时候就把孩子放在家里面照顾，甚至有时候还绑起来防止其乱动，错过了孩子好的发育时期。在这个阶段，有些父母会教孩子数数，甚至算数，而这些逻辑思维的内容至少应该到 4 岁以后才发展起来，过早地教授对孩子来说难度很大，对孩子智力发展有着破坏性。

3—6 岁是孩子语言发育的敏感时期，这时候的孩子，学习语言事半功倍，如果希望孩子学习第二语言，比如英语之类的，这个时候就可以导入，不一定要进入正式的课堂学习，而是通过动画片、互动游戏等能够创造环境的方式，给孩子的潜意识输入大量的信息，继而为孩子未来的语言学习创造肥沃的土壤。这个阶段除了是语言发展期，还是思维的发展期，这个时候，孩子特别喜欢问为什么，因为对这个世界充满了好奇，希望去找到真相。这时候家长要学会引导孩子自我找寻答案的能力，培养孩子的思考力！这个阶段的教育推荐大家读两本书：一本是林文采博士的《心理营养》，特别阐述了如何给予0—3岁的孩子影响；另外一本是孙瑞雪老师的《捕捉儿童敏感期》，介绍孩子的敏感期以及如何在这个敏感期更好地教育孩子！

在孩子刚刚进入小学的时候，一至三年级最重要的是激发孩子的学习兴趣和培养孩子的学习习惯，而不是一味地灌输知识。我们不少家长只能看到有形的东西，比如语、数、英成绩，却忽视了对兴趣和习惯这两个重要事情的培养，回到家就忙着辅导孩子写作业而不是去问问孩子学习得开不开心，也不是去观察孩子目前的学习习惯是否好。当到了小学四年级以后，发现一至三年级时，孩子学习成绩还不错，但是到了四年级以后就开始吃力，越往后越吃力，这往往就是前期的兴趣培养和习惯养成方面出了些问题！这个阶段的教育，推荐大家阅读两本书，卢勤老师的《长大不容易》和吕福生老师的《教子有方》。

10—12岁的孩子开始进入青春期，这个阶段孩子进入叛逆期，开始不听家长的话了。首先，这个阶段是孩子生理发育的重要时期，我们的传统思想对于“性”的避讳，会导致很多性发育中的青少年因为好奇，又没有正确的学习通道，便通过其他的不良渠道学习，导致不好的后果，甚至恶劣的后果。同时，这个阶段的心理发育也是一个孩子走向成人的一个过渡阶段，这个阶段的孩子需要的是认同，是独立，家长们过度的控制会遭到反抗，善意但是唠叨的语言也会让孩子心生厌恶，过度的生活关心也会让孩子感觉自己没有价值……如何陪伴孩子度过青春期是一个重要的学问，这方面，强烈建议大家读一读陈一筠教授的《引领孩子度青春》这套书。

不气馁，失败是正常的

失败只是我们的一种观念，所谓的失败，其实也会给我们带来一些好的东西，甚至带来大彻大悟。当我们怀着一颗淡定的心面对失败的时候，失败就离我们远了。

很多父母往往因为孩子一件事情没有做好而开始指责和埋怨孩子，比如说：孩子洗衣服没有洗干净，父母指责；孩子写作业，字写得不够端正，父母指责；孩子考试没有考好，父母指责；孩子运动成绩不达标，父母指责；孩子上台表演没有发挥好，父母指责……指责的背后是什么呢？是父母希望孩子能够成功的心态，甚至是期待一次性就成功的心态！

可有多少事情是可以一次性成功的呢？当父母这样教育的时候，也在给孩子传递一个信号：你不可以失败，失败是丢人的事情，失败是错误的事情！父母点滴中的“微教育”就在传递着这样一种信号，继而孩子开始担忧，害怕失败，甚至失败后不愿意告诉父母，因为会换来父母的指责，甚至对失败产生恐慌，觉得只有赢才是光荣的事情！

2015 年，我们去以色列游学，以色列的人口只占世界人口的千分之二，但诺贝尔奖获得者却占到了世界的 27%！当我们在海法理工学院参观的时候，接待我们的教授与我们分享了以色列的教育，其中有一条让我印象深刻，就是以色列的父母们会告诉孩子们："失败是再正常不过的一件事！"这样的种子，从小就种在了孩子的心里。当孩子失败的时候，父母不去指责，而是引导孩子去发现原因，鼓励孩子继续尝试，成功也许就出现在几百次失败后的那个转角！同时，父母会告诉孩子失败也是有价值的，在失败中我们获得了更多的经验！科学研究免不了很多次的失败，让孩子从小就知道失败很正常，所以他们面对一次又一次失败的时候，才能有一颗平常心，没有什么负担和压力，继续前行就好！

父母的教育理念影响孩子的一生，伟大的教育理念也许就一句话：失败是再正常不过的事情！

不嫉妒，祝福别人，活好自己

不要拿别人的成就来折磨自己，因为本没有关系。如果一定有关系的话，那就好好地祝福别人，希望他人好的善念本身就是一个好的缘分，带来好心情的同时也带来福分。最重要的人不是外面的人，而是24小时和自己在一起的自己！

有一个轰动全国的案件——复旦大学投毒案，国内顶级大学的两个优秀的研究生，就这样命赴黄泉！这种悲剧应该让我们警醒，我们除了给予孩子们知识，还应该给予他们什么呢？

2013年4月1日，愚人节当天，复旦大学2010级硕士生黄洋喝下一杯含有极高浓度N-二甲基亚硝胺的水，顿感身体不适。4月16日，28岁的黄洋经抢救无效逝世。原来舍友林某与黄洋在生活琐事上发生矛盾，便从实验室带回剧毒物质注入饮水机槽，致黄洋饮毒水身亡。27岁的林某是一位努力、严谨、奉行完美主义的人，曾获得2012年研究生奖学金。他在核心期刊上发表了13篇学术论文。

林某和黄洋同住一个寝室，他们两人性格是不同的，黄洋喜欢音乐，喜欢网球，讲究品质和潮流，获校内辩论赛“最佳辩手”称号，两次被复旦大学派去香港交流。而林某喜怒不外现，偏执，追求完美，不喜欢别人否定自己，经常感到“纠结”。

有同学回忆说，林某记仇，绝不轻易外露。他在中山大学医学院就读本科的时候，一个同学跟他发生争执，他连续给那个同学发了十几条“恐吓短信”。

事发前两周，黄洋在吃饭时开玩笑说林某是“凤凰男”。林某在一篇日志里写道，他并不喜欢“凤凰男”这一称呼。事发前，黄洋准备在4月7日参加硕士生答辩的论文被人删除；事发后，他的笔记本电脑被人格式化。在黄洋中毒后的第二天，黄洋提出让林某给他做B超检测，林某做完B超后冷静地对黄洋说：“没事。”

这起案件发生的原因并没有一个定论，看上去是一种偶然，恰恰也是一种必然！林某这么多年来不断地努力学习，要证明自己足够优秀，要超越他人；当有人和自己开玩笑的时候，不能够用一个豁达的心胸去接纳，而是愤怒，并且想着报复来释放自己的情绪；看到别人获得好成绩的时候，不会去欣赏和鼓掌，更多的是嫉妒，有种看不得别人好的心态！

当过度的要强、受不得委屈、看不得别人好的心态在一个人的内心萌芽之后，这个人内心的爱的能量就降低了，他眼中看到的就是世态炎凉和尔虞我诈，少了份单纯和爱的力量！

而这一切，如果究其根源，一定和家庭教育相关。没有资料透露林某的家庭教育，但是可以毫无疑问地判断，一定有关系！

如果家长从小就要孩子拿第一，战胜别人，那么孩子就容易过于要强，不能输。

如果家长经常吵架并且相互指责，甚至在外面因为一些小事情和别人争斗，孩子耳濡目染就拥有了一颗狭隘的心。

如果家长看不得别人好，常常不满于某某超过了自己，常常陷入羡慕嫉妒恨，孩子的心里面也会种下这样的种子！

不要等到悲剧上演了才去悔恨！这样的事情，在大学生中间已经屡见不鲜了。中国政法大学副教授朱巍认为，复旦大学投毒案是两个生命的悲剧警示，“学会宽容，学会分享，在相处中学会妥协，现在不少年轻人缺少这一课”。在他看来，“这不仅仅是教育缺失的问题，也不仅仅是一个法律问题，更重要的是一个社会问题。家长灌输和大学教育大都以成绩论英雄，以结果论英雄，缺乏素质教育与责任意识，与人为善的基本道德和传统伦理美德缺失尤为严重”。

死刑解决不了根本问题，两个年轻生命的悲剧，折射出生命教育、心理教育、生活教育的苍白，敲响的是教育的警钟。这警钟不仅仅在学校敲响，也在每个家庭和整个社会中回响。

有一次我和一个校长聊天，他说他们学校现在不搞什么学生评选了，因为只要有评选，就会有矛盾，总有很多的孩子因为没有被选上而不开心，甚至还有家长因为自己孩子没有被选上而到他那儿去讨说法！

请家长们告诉孩子：“不嫉妒，学会为成功者鼓掌，同时看重自身价值！”活好自己的人生，学会祝福活得比自己好的人；同时也不要丧失了自信，因为我们本身就是一个奇迹！

第八辑

自我成长理念

能力究竟是怎么获得的？

如果我们每天喊着提高能力但是不去挑战问题，我们的能力就不会提升；如果我们面对压力选择逃避，我们的能力就不会提升……所以能力的提升都伴随着压力的突破和问题的解决。

我们在生活中有压力吗？我想绝大多数人都会有压力！我们都在朝着更好的方向去努力，希望过上更好的生活，希望给孩子更好的教育，希望能够买车买房，希望能够获得更高的职位，希望能够把当下的工作做好……我们总是在这样追求目标的过程中不断地创造着，也因为这样的目标，给我们带来了更多的压力！

当我们的能力不足以支撑起我们的目标时，就会产生压力。

有些家长会说，自己都不知道如何教育自己的孩子了，特别烦恼。孩子学习上不认真，孩子性格叛逆，孩子做事

拖拉等，这些看上去都是孩子的问题，实则是我们教育能力不够。

有些企业家会说，现在公司的经营很难，团队难以管理，市场竞争厉害，国内形势不好等，这些看上去是外在的客观问题，实则是我们的运营问题，因为这样的市场中依然有很多的机会。如果换作任正非来管理，也许一切都马到成功！

原来我们所有的压力都来自能力不足！那么，对待压力我们该怎么办呢？有的人对待压力，选择了逃避：工作压力大了，我就辞职不干了；这个项目太难做了，我就不做了；孩子教育太麻烦了，我就不教育了，甚至不生了……如果这么做，的确压力会瞬间消失，但我们的能力也无法提升，因为所有能力的提升都是在解决问题中产生的！

当我们遇到带给我们压力的事情时，如果我们迎难而上，去找解决的方法，去请教别人，去参加学习，去突破自己……当我们通过一系列的努力，最终解决了这个问题，我们还提升了自己的能力，因为我们的能力已经和这样的问题相匹配了！

我们继续会面临更难的事情，有着压力，我们继续选择学习、成长、思考、努力、面对、解决，就在这样一轮又一轮的循环中，我们的能力不断提升。当我们回头看的时候，以前带给我们压力的事情，现在已经不构成压力了，因为我们具备了相应的能力！

我刚开始讲座的时候，面对 20 人的课堂我都会紧张，后来克服了；然后 100 人的课堂我还会紧张，后来又克服了；然后 500 人的课堂我会紧张，继续克服了；再后来 1000 人的课堂我会紧张，又克服了……未来我还会紧张，但是依然选择在压力中前行！

原来一个人的能力是在解决一件又一件事情中提升的。孩子们只有解决一件又一件事情，能力才会提升。而现在家长常常把孩子该做的事情做完了，帮着整理书包，帮着订正作业，帮着整理床铺……最后发现家长能力越来越强，孩子能力却越来越弱！

如果家长期待孩子的能力提升，就让孩子从一件件事情开始积累，哪怕有一些压力，也让孩子面对和承担，因为这是能力提升的必经之路！

在体验中的学习才更有感受

知识的学习停留在大脑层面，而体验的学习会进入心的层面。知识会带来很多道理，体验会带来很多智慧。学到的知识要用，体验的感受要升华，最后心脑合一，道术合一。

中国的教育资源相对有限，所以一个班级往往人数较多，少的30—40人，多的60—70人，在这样的课堂中，不用谈体验式教学了，就是让每个孩子都能够回答问题也不是件容易的事情！

这样的教育往往只能传授知识，而无法传递智慧。智慧的获得往往和感受相挂钩，而感受往往需要孩子亲身经历！

父母是孩子最好的老师，因为我们会带着孩子体验生活中的一幕幕，然后引导孩子在体验中自己发现、获得智慧！

2014年暑假，我带孩子们去美国游学。在白宫门口，我给孩子们布置了一个作业，希望孩子们能够主动去找20个外国朋友合影。孩子们有些害羞，不太主动，所以当拿到这个任务的时候，都有些面露难色。很多同学都在老外的周围转来转去，他们可不是在发现目标，而是在纠结，在徘徊。我想这样的内心感受就是很好的体验。终于，孩子们慢慢突破了自己，走上前去，寻求和老外们合影，外国朋友们也都很热情，和中国的学生们开心地拍起照来，孩子们也获得了信心和勇气。到后来，他们很放得开，完全享受起了这样的体验。在写这个事情总结的时候，孩子

们感受都很深，有个孩子这样写道："我们的害羞总是像隐形的手动摇着我们的内心，我这时想，我要主动，要主动，没有勇气只会错过！"我相信，对于勇气的知识层面，很多同学都会知道，但是知识没有用，因为那些只是道理，只有真正做到后的体验，才会给学生们带来感受。这样的感受会内化为孩子们内心的一种力量！

在立智情商课程中，我曾经和孩子们分享盲人女孩吴晶的故事。很多学生听了以后，好像没有什么感觉，因为他们还只是站在外面把这个当作故事去看。后来，我设计了一下，让孩子们带上了眼罩，然后给了一根棍子，带着孩子们从教室来到户外。孩子们被蒙住了双眼，但是他们依然需要下楼梯，依然需要过马路，依然需要走人行道，依然需要上电梯，当孩子们亲身经历了这一切的时候，仅仅 20 分钟，很多同学就已经受不了了。当再次让孩子们谈感受的时候，那是相当的深刻！

现在的孩子都是家中的宝贝。因为很珍贵，所以很在意；因为害怕各种风险，所以有了很多的担忧。当我们有着很多担忧的时候，教育本身就会出现很多的问题。本来该让孩子们经历的事情限制去经历：不能去游泳，孩子无法学会游泳的能力；担心上下学安全，到了初中依然包接包送，孩子无法学会自我的交通保护能力；担心衣服穿少了着凉感冒，孩子无法学会自己照顾自己的能力……现在的家庭教育，担忧型的家庭也特别多，有些甚至担忧到了恐慌的程度。当我们患得患失的时候，已经失去了！家长要克服自己的恐惧，让孩子能够自己面对人生的风风雨雨。当然，知道容易，做到不容易。但是就算不容易，还是要去做到，否则，这样的担忧最终会培养出一个无法面对人生风雨的孩子！

有一次给孩子们上立智情商课，天公不作美，寒冷的冬天还下起了雨，第二天就是我们的户外拓展课程，预报还是雨天。我也有了些担忧，因为下雨，天气还很冷，孩子们很容易感冒着凉。如果我们担忧感冒着凉，我们就无法去体验这次户外课的精彩。和孩子们商量后，孩子们都很兴奋，他们压根不害怕风雨，还很期待！和家长们商量后，有几个家长面露难色，但是在大部分家长的支持下，我们决定无论明天如何，风雨无阻！

第二天，当我们到达拓展基地的时候，的确下起了雨，我请孩子们选择，是回去，还是继续开展我们的课程。孩子们可兴奋了！面对风雨，我们不是退缩，而是做好准备应对，我们穿上了雨披，在风雨中拔河、奔跑、团队拓展……那一天孩子们玩得可开心了，虽然有的衣服湿了，有的鞋子进了水，但是所有的孩子都没有抱怨。看来孩子的承受力超出我们的想象！那天课程结束后，孩子们回去写的分享特别深刻，有个孩子在一张大白纸上写了团结、合作、帮助、不放弃等正能量的字眼，在大白纸的中间，用彩色水笔写上了“风雨无阻”四个大字！

体验过风雨中奔跑的孩子真正感受到了什么叫作“风雨无阻”，在未来的学习中，不会因为今天下雨了就不去上学；在未来的生活中，不会因为人生的痛苦而放弃！

这次情商课，风雨是最好的老师。让我们放下担忧，带着相信，既要做好防护，也不要过度防护，让孩子们经历他们该经历的事情，因为只有经历风雨才懂得风雨无阻！

家长可以在生活中带着孩子去体验，让孩子去买东西，让孩子去问路，让孩子去疗养院看望老人……能让孩子自己做的事情都让孩子自己去做，每一个体验都会给孩子带来感受，这样学习才能获得更多的人生经验！

思考比答案更重要

思考对应的是思考力，而答案对应的是记忆力，记忆力再强也无法记住所有的东西，但是当我们拥有了思考力，就可以自如地应对出现的各类问题。

孩子在4—6岁的时候，很喜欢问为什么，有些父母也不知道如何回答这些问题，绞尽脑汁，就是为了给孩子一个答案。

曾经有个妈妈也为此事苦恼，她的孩子4岁，天天有很多问题，有一次问她：“妈妈，血为什么是红色的？”她也不知道咋回答，后来她专门请教了“百度”，下载了一大页纸的答案，然后认认真真读给孩子听，什么血红细胞、血红素之类的，读完之后，孩子一脸茫然。其实她自己也压根没有搞懂！

她说：“孩子的问题很奇怪，如果自己不回答，感觉对孩子不重视，但是有些问题也压根不知道怎么回答，到底怎么办呢？”

我给她支了一招，可以通用。

无论孩子问父母什么问题，父母都亲切地低下身来，看着孩子的眼睛，和孩子说：“宝贝，你最聪明了，你告诉我血为什么是红颜色的啊？”一招就解决！到底是答案重要，还是思考重要呢？也许孩子回答：“因为我觉得红色是最美的颜色。”你就说：“宝贝，你真有审美能力！”不仅问题解决，还让孩子学会了自己思考，同时获得了父母的肯定和表扬！

在教育孩子的过程中，不要总是给予知识，更要引导孩子学会自我思考的能力。有时候，孩子穷追不舍，这时候也不要轻易地给答案，可以说：“让我们一起去看看百科全书怎么说？”“问问百度叔叔怎么说？”我们就引导孩子学会了解决问题的方法。

一个人的能力，是需要在不断思考中提升的，最好的帮助，不是直接给结果，而是引导孩子自我发现。教育孩子如此，管理也是如此。在管理企业的过程中，我的团队也经常问我各种各样的问题，我不会直接给出答案，而是希望他们带着答案来问我。

现在的父母，总是会担忧自己的学历不够，自己的能力不强，无法辅导孩子的作业，甚至有的父母自己天天研究语、数、英去教孩子。实则完全没有必要，因为就算我们可以教孩子小学阶段的课程，我们有能力去教孩子初中阶段乃至高中阶段的课程吗？所以，一定要让孩子形成自己的学习能力！家长迷惑，怎么让孩子形成呢？在前面我们提到过，就是从小给孩子鼓励和建立他的自我认同！鼓励孩子去请教老师，鼓励孩子去请教同学，鼓励孩子上网去找答案！如果父母总是给答案，短期看会提升孩子的成绩和能力，但是长久下来，往往适得其反！

思考比答案更重要，方法比答案更重要！授之以鱼，不如授之以渔！

心性教育从家务习惯培养开始

我们不要总是重视大脑的培养而忽视了对心的观照，心的能量超过我们的想象，心的培养从小事开始，从家务事开始，从重复地做一件小事开始，慢慢地历练，就会收获一颗淡定、专注、祥和的内心！

目前国内的教育，大多很注重对“脑”的教育，而忽视了对“心”的教育。心性教育和习惯养成有关，心性教育和父母的心性有关。

很多家长觉得，只要孩子学习成绩好就好了，家务事不需要孩子来做，这个做法是不对的！《论语》中就说道：“弟子入则孝，出则悌，谨而信，泛爱众而亲仁。行有余力，则以学文。”这说明只有把人做好了才能谈到学习知识的问题。

在我的学生导师班，我每天让孩子们写一篇思想日记，这是提升思想层面的智慧。除此之外，孩子们每天上午要叠被子、收拾自己的书桌！为什么要叠被子、收拾桌子呢？有一次我在听金向群老师的课程的时候，我发现原来生活中的小事情可以修炼孩子们的心性。当一件简单的事情不断重复做的时候，心性就会得到修炼。当然，做这些事情的时候不是急躁地去做，慌乱地去做，而是带着一颗安静的心，慢条斯理地去做。我们经常教导孩子们要有耐心，要有恒心，这些道理说起来容易，做起来难。抓住一件小事情开始做好，慢慢地，孩子的心性就在一次次不断重复做事情中得到了历练。所以，看上去是让孩子们在做家务，实际上是在修炼心的能力，在家务事中孩子的心性得到锻炼了，这样的心性会在孩子的学习上发挥作用，孩子上课的专注度、心态的平和度都会得到提升。所以，家务事不仅不会耽误孩子的学习，还会提升孩子的学习！

如果不能理解，我们再来看看军队。新兵入伍后，前三个月主要就是进行整理床铺、摆手踢腿等重复性的训练。

这些枯燥无味的重复训练带给新兵的是什么呢？外在是习惯的养成，内在就是心性的修炼。这就如同练武术得从蹲马步开始一样，打下良好的基本功，才能练成绝世武功！

不要忽视家务事，让孩子重复做、用心做一件小的家务事，孩子的心性就会得到锻炼，这将让孩子受益终生！

发生问题，再去教育

老一辈的话，我们要好好听，因为很多都是来自生活体验的总结，很多孩子因为没有体验，所以这些总结对他们而言，难以有共鸣。一些问题的发生本身就是让孩子可以多些挫折的体验。

有些事情，如果孩子没有遇到，就不会真正地去感知到，就算家长给孩子说得再多，孩子的感受层面也不够深。就好比中国有句话：“养儿方知父母恩。”有些教育，是需要等待事情发生以后，再去做教育！

当然了，这样的问题往往不是很严重甚至致命的问题，而是生活中的一些小事情，孩子经历后，自然会在这样的事情中成长！

比如说：有些孩子特别拖拉，父母总是催促孩子，然后帮着孩子收拾书包，早晨还帮着孩子穿衣服，然后喂早饭，因为担心孩子迟到，最后搞得父母操心得不得了，孩子倒一点也不操心！这样的教育，不仅父母很辛苦，孩子也没有时间规划的能力，没有自我管理的能力！那怎么办呢？我们想想，如果父母帮助孩子收拾了书包，有东西没有带该谁负责任呢？如果父母催促着孩子上学，最后还是迟到了，谁负责任呢？

有个家长就遇到这个问题，我说："让孩子自己做，自己承担责任，迟到了又能怎样？"妈妈这么做了，早晨温柔地喊着孩子起床，孩子不肯起床，她就稍微催促下，然后忙自己的事情。好不容易，孩子自己爬起来，然后吃早饭磨蹭，早饭没有吃得很饱，妈妈也忍痛不管。然后收拾书包上学了，毫无疑问，迟到了，东西还没有带全。更倒霉的是，10点多的时候肚子就饿了！孩子发现，自己要为自己的行为买单：因为迟到了，同学们会笑话；作业没带，老师会批评；肚子饿了，自己会难受！所以，开始好好地整理物品，早点起床，认真吃饭，就在一次次的教训中，孩子开始成长了。当然，此时的父母可不能幸灾乐祸，说："你看，你不听我的，迟到了吧！"而应带着同情和相信，鼓励孩子自我成长和进步。有些坏习惯不是一朝一夕就能改变的，我们要带着耐心，放手成长，静待花开！

我带孩子们游学的过程中，孩子们的问题处处可见，我不是去立刻控制，而是静观其变。比如：明知道孩子们会丢东西，也不帮他们收拾行李，等丢了以后，就学会保管东西了。有一个孩子总是丢东西，在游学的时候，把自己心爱的手机给丢了，可伤心了。我们通过引导，让他透过这个事情学习。回来后，家长告诉我，现在孩子开始学会整理东西和保管东西了，我想手机这个学费交得值！

不要怕孩子犯错误，因为有些教育是一定要在错误中才能够更好地进行的，从错误中收获的往往超过父母给孩子讲的道理，因为孩子有了体验和感受！

好玩是爱上学习的开始

趋利避害是人的天性，做喜欢做的事情才能把事情做好。让孩子喜欢学习是开始学习的第一步，如果伤害了学习兴趣，就好比在牢笼中的学习，就算有效果也是不喜悦的。

找寻快乐、逃避痛苦是人的根本追求，但是反观我们现在的教育，常常让孩子感受到极大的痛苦。孩子们在痛苦中，怎么能学得好呢？所以，我们要让孩子在学习中找寻到快乐，同时我们成人也要找到工作中的快乐，因为人生的追求本身就是快乐，无论是买房也好，买车也好，学习也好，都为了找到内心的快乐！

如果希望孩子能够爱上学习，就要让孩子感受到学习的快乐！有句俗话说：“书山有路勤为径，学海无涯苦作舟。”我一直对这个说法不太赞同，读书是很喜悦的事情，因为读书可以让我们和各种思想碰撞，与他人的生命连接，同时用别人的智慧丰富我们的智慧，为什么我们不可以感受喜悦呢？学习本身也是快乐的事情，为什么我们总要把这些事情搞得那么凄惨，然后把这样的理念传递给孩子呢？当我们不断地暗示学习和读书的痛苦的时候，孩子们怎么能够享受快乐呢？

首先，兴趣是最好的老师，能够喜欢一样东西，是坚持学习的开始。打个比方：我们教授孩子英语的时候，不应该让孩子使用死记硬背的方式学习，这样枯燥的学习只会让孩子厌倦，并且效率低下。刚开始学习英语的孩子，我们不在乎学到了多少知识，最要关心的是孩子喜不喜欢，只要喜欢，基本不会差，因为喜欢自然会投入。老师在课堂教学的时候，就要采用音乐、视频、互动游戏等多种方式，让孩子们在玩中学习。

作为家长，我们不应该去抱怨丝毫没有意义的事情，我们唯一能做的就是从当下开始，力所能及去改善一些！

家长可以在孩子放学后，引导孩子设计今天的时间分配图，了解做作业的意义，并且不断地鼓励，让孩子收获成就感，而不是干巴巴地让孩子去写作业。

家长可以引导孩子去发现读书的乐趣，找寻书籍世界的快乐，而不是买大堆的练习题回来让孩子做。

家长可以带着孩子去大学参观，去感受北京大学的人文气息，去听厦门大学海浪的声音，给孩子带来对美好未来的憧憬。

家长可以带着孩子去参加各种夏令营活动，让孩子在玩的过程中悟得人生道理。

当孩子感受到过度的压力，觉得是为别人在做事情，并且毫无成就感的时候，自然没有了动力！有个孩子刚开始很喜欢弹钢琴，妈妈也希望孩子学习钢琴，就送孩子去上钢琴课。在美妙的音乐中，孩子很喜欢，也很享受。后来，妈妈对孩子抱有很大的期望，开始规定孩子每天都要练习 3 小时的钢琴，枯燥的练习让孩子慢慢失去了兴趣，厌恨钢琴。而另外一个妈妈告诉孩子，学习钢琴是一个人艺术修养的体现，除了把孩子送去上钢琴课，还带着孩子去听钢琴音乐会。她对孩子没有太多的期待，每次孩子的进步她都充满了惊喜，不断地鼓励孩子。同时，每到周末的晚上，妈妈都会邀请家里朋友来认认真真地欣赏孩子弹奏钢琴，就像参加音乐会那样认真。在这样的氛围中，孩子渐渐爱上了钢琴，每天练琴成了她非常享受的事情！

不仅孩子如此，成年人也是如此。我的恩师李成老师，自己会弹古琴，也会做古琴，还会书法和绘画，是国家一级美术师，而他的本职工作是一名保安公司董事长。我请教他：“为何您 60 多岁了，还能够不断地学习精进，如此坚持？”他回答我：“不需要坚持，因为好玩，因为喜欢，所以就会出精品！”

智慧的家长们，不要总是想着给车上装货，而要想着给油箱里面加油。让孩子爱上学习，远比让孩子学多少知识来得重要，因为当孩子从兴趣开始入手，并且能够循序渐进地学习，获得阶段性的成功，不断地获得成就感，这样的良性循环，必将带来好的效果。所以，让孩子的学习从玩开始吧！

成就感是持续学习的推动力

如果我们做一件事情的时候，总没有成就感，对于大部分人来说，便再没有了积极性。所以，如何让孩子不断拥有成就感，就值得我们思考，因为成就感本身就是一种持久的动力。

家长往往都喜欢让自己的孩子和好孩子在一起学习，认为只有和学习好的同学在一起，学习成绩才能更好，实则不然！从孩子的心理层面来看，当孩子身边的同学都比自己学习好的时候，孩子会没有成就感，继而没有自信。我们可以想象，如果我们在一个所有人都比我们优秀的单位里面工作，我们是怎样的感受呢？很多家长很爱自己的孩子，孩子的成绩不够好，没有达到优秀学校的分数线，就拼命地找人、花钱让孩子上一个好学校，结果发现，就算上了这样的好学校，孩子的成绩还是不好，甚至有些到了最后都放弃了学习。因为孩子在这样的学校里面没有感受到快乐，没有丝毫的成就感，天天被老师认为是差生，同学也不太看得起，回来以后还要听父母的唠叨……如果我们换位思考下，孩子会是怎样的感受？

成就感对于孩子特别重要，给孩子成就感，才能让孩子获得持续的动力！打个比方，爸爸和孩子下棋的时候，如果爸爸特别投入，每次都把赢棋作为目标，最后爸爸每次都赢了，这样，孩子终会不愿意下棋，因为他没有获得成就感！

现在不少家长送孩子参加课外培训班，给孩子选择课程的时候，都希望选择比孩子目前水平高一些的课程，认为这样更有挑战性！我更建议家长选择难度稍微低一些的课程，让孩子学习的时候压力不要那么大，心情轻松一些，这样获得表扬和认可的机会更多。当孩子的自信心在认可中建立后，后面的学习就会变得更加容易。不断让孩子收获成就感，才能够让孩子持续地爱上学习！

家长要不断地给孩子鼓励，因为孩子的自信不是自己给的，孩子的自信是父母和老师都相信我了，我就自信了！

成年人在工作中很渴望得到领导的重视，每当取得成绩得到表彰都会开心，并且更加投入工作。孩子也是这样，甚至比成年人更加需要，所以，我们不要吝啬我们的赞美，不要给孩子太多的压力，让他们在前行中不断获得阶段性的成功，相信这样的成功会带来一个又一个奇迹！

帮助他人是高效的学习方法

己欲达而达人，帮助别人本身就是在成就自己，从小我的世界中走向大我的世界，帮助更多人。

有些家长告诉自己的孩子：“你搞好自己的学习就好了，不要去管别人。”这样的理念不仅让孩子不懂得去帮助别人，还培养了自私心！微教育就是这样，一句话都会影响孩子！

从我小时候开始，我妈妈总是对我很信任，并且不断地告诉我要去帮助别人。初中的时候，我因为搬家转学了，来到了南京四十九中上学，父母觉得这个学校还不错，但是实际上，这个学校在全区排名倒数。我的妈妈好像对这些不是太在意，或许也没有能力去在意。学校倒是有一个好处，离我家很近，那时候的我也没什么感觉，好好上学就好！后来发现，我进的班级连快班都不是，只是一个普通班级。当时的班主任老师姓陆，班上的同学成绩一般，因为成绩好的都分在快班了，不过因为我基础还不错，而且也挺努力，所以在班级乃至年级一直名列前茅，这让我收获了很多的成就感。因为班级同学成绩一般，班主任陆老师总是让我去辅导同学学习，班上同学只要题目不会做，也都喜欢来找我，甚至每周六下午，我还会专门安排半天请我们班同学到我家来学习。我给他们辅导后，发现我的成绩并没有因为我的时间花在了辅导上面而变差，反而越来越好！

直到我做了老师才发现了“学习金字塔”，告诉了我其中的真相。原来我们在课堂上听课的学习方式，我们获取的知识只能达到20%—30%，但是我们教授给别人的时候，我们对知识的理解可以达到80%—90%。所以帮助他人学习是最高效的一种学习方法！

我也把这个方法和我的学生们分享，曾经有个成绩很好的学生跑过来告诉我他考了全班第一，我没有表扬他，因为我一直认为太在乎得第一不好。我简单认可他后告诉他，他可以把他的能力和全班同学分享，帮助更多的同学学习，让更多的人因为他的存在而成绩更好，这个比第一还有价值。当孩子这么干了后，不仅收获了人缘，成绩还越来越好！

有一次，有个学生跑过来说：“老师，我的成绩都是班级倒数了，我还能辅导别人吗？”我说：“当然能，那你就从全班倒数第一开始辅导！”如果你是倒数第一，你一定会有你自己的特长，去告诉别人你怎么做得这么好的！发现自己的优势也是一种能力，帮助别人让自己收获更多的能力！

现在因为工作，我经常在各个地方讲课，每次讲课看上去是给别人上课，不如说是给自己上课，自己的能力在讲课的过程中也在不断提升。

如果希望孩子成绩越来越好，就让孩子去帮助更多的人学习；如果期待自己的人生越来越好，就去帮助更多的人幸福。爱出者爱返，福往者福来！

蹲下来，把孩子当作老师

蹲下来是一个姿态的转变，把孩子当作老师是一个心态的转变。不要高高在上地教育孩子，这样的教育会让孩子没有自信，备感压力。换个姿势换个心态，带着柔和的眼神、微笑的表情、相信的目标、倾听的内心，让孩子收获自信，收获快乐，收获智慧！

我们总认为父母要高高在上去指导孩子、教授孩子，我们在乎的是传递给孩子知识，却忽视了对孩子思考力的引导。今天，让我们换个姿态，让我们蹲下来，平视自己的孩子，把孩子当作老师，向孩子示弱，向孩子请教！当我们姿态发生改变，从指导孩子变成请教孩子的时候，结果就会发生改变。我见过不少家长，能力强的妈妈往往教育出能力弱的孩子，而“笨”妈妈往往教育出“聪明”的孩子！

那年游学美国，两个孩子跟我住在一个房间，游学一天有些疲惫了，我看着那么多的脏衣服自言自语道：“唉，这么多的衣服怎么办啊？”这时候有两个孩子说：“老师，我们帮您洗吧！”我略显不好意思地把衣服都给了他们，两个孩子抱着衣服来到了宾馆的洗衣房，那儿放着几台全自动洗衣机，全英文的。我看着两个孩子在那里研究，我没有插手，而是在旁边欣赏，他们问我啥，我也都装作不会。他们从投币开始摸索，再到选择模式，最终洗了起来。我站在旁边啧啧称赞：“你们太厉害了，这么复杂的全英文洗衣机，你们都会用！”在我的赞美和欣赏中，孩子们脸上充满了自豪感，当他们拿出洗好的衣服给我看的时候，我更是夸了他们，孩子们乐开了花。最后，孩子们和我说了句话，把我深深感动了：“老师，您明天还有衣服要洗不？”

当我们放手让孩子做事情的时候，孩子就在成长；当我们给孩子鼓励的时候，孩子就收获了力量！

如果孩子好不容易把衣服洗好了，拿给妈妈看，妈妈却说，衣服不是这样洗的，看妈妈洗给你看！当妈妈把衣服洗干净给孩子看的时候，孩子已经失去了继续洗衣服的动力！家长不要期待孩子一次性把事情做完美，做事情比把事情做好更重要！

曾经有个小学校长，也是个教育专家，她是这样教育自己的孩子的：带着孩子去买菜，请教孩子什么菜和什么菜搭配比较好；要出席宴会的时候，让孩子帮忙挑选衣服；当管理学校有困惑的时候，回来和孩子说出自己的困惑，请孩子帮忙给建议……就在校长妈妈一次又一次的请教中，孩子的能力越来越强。不仅如此，因为生活中培养出来的良好品质，也让孩子成绩优异，最终孩子考上了国外名牌大学。要出国留学了，校长妈妈把孩子送到安检口，孩子走了几步回过头来，看着自己的妈妈，眼泪流了下来，和妈妈说：“妈妈，以后没了我你日子咋过啊，谁照顾你啊？”妈妈听到这，也流泪了，但那是幸福的眼泪！

教育的目的是什么呢？不是考试成绩，而是让孩子学会如何去生活。所以，让我们带着欣赏、放手，让孩子去承担更多的责任，去解决更多的问题。把孩子当作自己的老师，相信孩子会收获更多的能力，收获更多的自信，也会因此拥有一个幸福的人生！

结　语

以前我读书，觉得是和文字的连接；自己写书后发现，原来写下来的不仅仅是文字，而是自己多年来的感受和自己思想的表达。感恩缘分，让我们可以用这样一种方式交流，不知道这本书是否能够给你一些启发，如果能够有一点点启发，我就很开心！胡大平老师经常告诉我，当我们学习的时候，不要带着太多的期待，因为我们特别想学到东西的时候反而学不到东西了。同样，当我们教育孩子的时候也不要带有太多的期待，希望透过一次教育，孩子就能够有很大的改变。太多的期待会让我们的心不够安静；心不静的时候，我们就无法自然；无法自然的时候，智慧就不会来找我们了！所以无论做什么，都要拥有一颗淡定的心。

我也希望您在空闲时分，坐在躺椅上，依靠在窗台边，在某个车站的候车室，或者在万米高空的飞机上，读着我写下的一句句话，其中蛮多是我日常讲课的内容。如果您能够认同我会开心，如果您认同后能够践行我将十分地开心，如果您践行后得到了好的成果我就会欣喜万分！

这本书是写给父母看的，我觉得所有的家族成员都扮演着父母的角色，所以如果可以，一个家庭一起来阅读，共同来探讨。当一个家族都可以一起学习的时候，这个家族将会更加兴旺。同时，作为老师，我也希望和所有老师一起来探讨教育的问题，我们可以把全天下的孩子当作自己的孩子来教育，所以这本书应该对教育工作者也有些启发。当然，如果可以用心读的话，其中也有管理之道和工作之道，因为教育孩子和管理团队有异曲同工之妙！

当然，因为自己的水平有限，所以观点也不一定完全正确，本来希望可以等到自己更好的时候再来写，但是林青贤院长的一句话“带着不完美出发”给了我动力，不管是否好，先写起来再说！当我写完的时候发现，原来这本书最大的受益者不是别人，而是我自己，因为在写书的过程中，我得到的更多！感恩所有给我鼓励的老师和伙伴，不足之处还请大家多提宝贵建议！

微教育，教育无处不在，再细微的地方都是教育！让我们在生活中践行微教育，积累微资本，让幸福之花开在我们生命中的每一个角落！